普通高等学校学前教育专业系列教材

总主编 沈建洲

美术
造型基础与表现

主 编 朱晓飞
编 者（排名不分先后）

沈建洲 朱晓飞 余 斌 吴雪影
胡郁珮 程 鹏 宋雅晖 任济方
韩 飚 殷 骞 李 华 王立平
徐鹏程 王 涛 怀晓迪 王 品
张君陶

复旦大学出版社

内容提要

本书是学前教育专业新版美术系列教材之一,围绕新时代教师教育的新形势、新目标、新任务,在全面分析美术课程以及幼儿园教师职业素养基础上进行编写。旨在帮助师范生掌握幼儿园美术领域教育的基本知识、相应的艺术欣赏与表现知识、美术教育的执业能力及在保教实践中的迁移能力,基本形成《学前教育专业认证标准》《幼儿园教师专业标准(试行)》所倡导的毕业要求和职业素养。

本册是美术基础部分,由五个教学单元构成。第一单元是美术与幼儿园教师素养概述,包括美术的概念及种类,美术的基本特征和艺术语言,美术及美术素养与幼儿园教师专业性和独特性的关系;第二至第四单元分别是素描、色彩、平面设计的基础知识、基本技法及其在幼儿园中的运用;第五单元是造型艺术欣赏,主要梳理了不同时期、流派美术作品的表现风格,以及社会文化、政治经济、艺术家个人的艺术风格及其情感等对艺术品的影响。

本书配有数字资源,使用者可以扫描书中二维码或登录复旦社云平台(www.fudanyun.cn)查看视频、教学课件等资源,进行主动、深入的学习。

复旦社云平台
数字化教学支持说明

　　为提高教学服务水平，促进课程立体化建设，复旦大学出版社学前教育分社建设了"复旦社云平台"，为师生提供丰富的课程配套资源，可通过"电脑端"和"手机端"查看、获取。

【电脑端】

　　电脑端资源包括 PPT 课件、电子教案、习题答案、课程大纲、音频、视频等内容。可登录"复旦社云平台"（www.fudanyun.cn）浏览、下载。

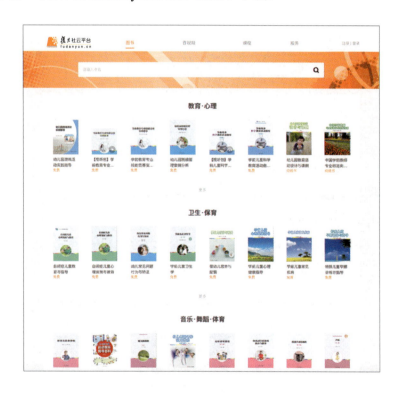

　　Step 1　登录网站"复旦社云平台"（www.fudanyun.cn），点击右上角"登录/注册"，使用手机号注册。

　　Step 2　在"搜索"栏输入相关书名，找到该书，点击进入。

　　Step 3　点击【配套资源】中的"下载"（首次使用需输入教师信息），即可下载。音频、视频内容可通过搜索该书【视听包】在线浏览。

 【手机端】

PPT课件、音视频、阅读材料：用微信扫描书中二维码即可浏览。

【更多相关资源】

更多资源，如专家文章、活动设计案例、绘本阅读、环境创设、图书信息等，可关注"幼师宝"微信公众号，搜索、查阅。

平台技术支持热线：029-68518879。

"幼师宝"微信公众号

序言

依照《中共中央 国务院关于全面深化新时代教师队伍建设改革的意见》《教育部等五部门关于印发〈教师教育振兴行动计划(2018—2022年)〉的通知》《教育部关于加快建设高水平本科教育　全面提高人才培养能力的意见》《教育部关于实施卓越教师培养计划2.0的意见》《新文科建设宣言》等文件的精神,新代教师教育应致力于培养创新人才,提高教师教育质量,夯实师范生人文基础,结合专业教育推进课程思政建设,不断提升师德教育的针对性和实效性,更新课程体系和教学内容,提高实践教学质量,构建以师范生为中心的教育教学新形态。正是在新时代教师教育的新形势、新目标、新任务感召下,学前教育专业新版美术教材编写工作启动,并在以下三个方面做出尝试与探索。

首先,按照《高等学校课程思政建设指导纲要》"把思想政治教育贯穿人才培养体系,全面推进高校课程思政建设,发挥好每门课程的育人作用,提高高校人才培养质量"的要求,本套教材基于美术所蕴含的思政元素,将思想政治教育贯穿其中,突出教学和课堂育德,培育爱国守法、规范从教的职业操守,在润物细无声中强化"学为人师、行为世范"的职业理想,以及传道情怀和授业底蕴,并使之逐步成为师范生的职业自觉。

其次,本套教材以《教师教育课程标准(试行)》《幼儿园教师专业标准(试行)》为指引,贯穿专业认证基本理念、《学前教育专业师范生教师职业能力标准(试行)》的基本要求,坚持育人为本、实践导向,厚基础、强能力,依据美术课程和内容中的幼儿园教师职业素养要求,力图在帮助师范生感知美、表现美、创造美的过程中,回答"教什么,怎么教,培养什么人;学什么,如何学,怎样用"等问题。一方面,美术课程的目的是空间造型及美术语言的学习掌握和艺术素养的习得;另一方面,作为学前教育专业课程,美术课程的目标是帮助师范生掌握幼儿园艺术(美术)领域教育的基本知识(相应的艺术欣赏与表现知识),美术教育的执业能力及在保教实践中的迁移能力,重点关注的是幼儿园教师职业所需要的美术实践能力的培养与提高。换言之,学前教育专业美术教材既要反映美术学科的知识技能、研究与实践成果,又要体现幼儿园教师教育的课程理念、内容与方法,以此引导师范生"树立正确的专业理想,掌握必备的知识与技能,养成独立思考和自主学习的习惯""主动建构教育知识,发展实践能力""加深专业理解,更新知识结构,形成终身学习和应对挑战的能力"。

最后，根据专业人才培养要求，教材编写突破了传统美术学科体系框架，紧紧抓住课程这一最基础、最关键的要素，推动学前教育专业美术教学内容更新，将具有中国特色的学前教育新理论、美术实践新成果和幼儿园保教实践新经验编入教材、引入课堂，转化为优质教学资源，培养师范生的知识融通能力和审美实践能力。

本套教材共三册，涵盖学前教育专业美术教学的基本内容与要求。其中，既有美术学科的基础知识和技能训练，也有幼儿园教师必备的与幼儿园保教实践紧密联系的教育技能与训练；既注重美术学科的教育性和审美性，也关注师范生的教师职业能力的养成，同时兼具一定的拓展性和灵活性。教学实践中，广大师生不仅要研究教材、教法和学法，还要研读《教师教育课程标准(试行)》和《幼儿园教师专业标准(试行)》，研究师范生的学习特点、幼儿园艺术教育和教育环境创设，让美术课程教与学的目标更精准、过程更有效、结果更令人满意。

本套教材是在各参编院校领导的关怀指导、师生的大力支持下完成的。对此，我们表示衷心的感谢！虽然教材在内容和形式上结合幼儿园教师教育特点和规律做了一些尝试与探索，但受编者能力所限，不足与疏漏之处在所难免，敬请广大师生批评指正，以便编者及时改正。

本教材编写组

前言
QIAN YAN

根据教师教育的相关文件精神和专业人才培养要求,本教材的重点是帮助师范生熟悉美术的相关概念、造型方法和表现形式,通过实践来体悟美术造型语言和特点,形成一定的美术表达能力。同时,结合幼儿园教师专业标准和要求,使师范生掌握必备的造型表现技能,陶冶艺术情操,丰富职业情感,培养艺术感受力、创造力和执教能力。

本教材由五个教学单元构成。第一单元是美术与幼儿园教师素养概述,包括美术的概念及种类,美术的基本特征和艺术语言,美术及美术素养与幼儿园教师专业性和独特性的关系;第二至第四单元分别是素描、色彩、平面设计的基础知识、基本技法及其在幼儿园中的运用;第五单元是古代造型艺术欣赏,主要梳理了不同时期、不同流派美术作品的表现风格、美感和差异,以及社会文化、政治经济、艺术家个人的艺术风格及情感等对艺术品的影响。

本教材旨在引导师范生既要注重美术基础知识的掌握,又要紧密结合幼儿园教育特点,关注生活中和身边的美术现象,注重创新能力的培养。通过学习本教材,师范生将感受与体验到美术的人文性、艺术性和教育性,形成幼儿园教师必备的美术素养和职业情怀。

教材编写与分工:第一单元由兰州城市学院沈建洲编写,第二单元由郑州幼儿师范高等专科学校朱晓飞、程鹏、宋雅晖、任济方及河南艺术职业学院韩飚、殷骞编写,第三单元由宁夏幼儿师范高等专科学校余斌、李华、王立平、徐鹏程、王涛编写,第四单元由郑州幼儿师范高等专科学校吴雪影、怀晓迪、王品、张君陶编写,第五单元由山东外国语职业技术大学胡郁珮编写。除郑州幼儿师范高等专科学校、宁夏幼儿师范高等专科学校的师生提供图例外,部分图例由在园幼儿或幼儿园提供,在此一并致谢。

编　者

目录
MU LU

第一单元　美术与幼儿园教师素养概述　001

第一节　美术及其起源　002
一、美术的概念、特征与艺术语言　002
二、美术的起源　012
第二节　美术与幼儿园教师　014
一、美术是一种文化　014
二、美术素养是幼儿园教师执业要求和专业发展基础　018

第二单元　素描　023

第一节　素描基础知识　024
一、素描概述　024
二、素描的特点　028
三、学习素描的意义　028
第二节　素描的工具与材料　029
一、常用素描工具与材料　029
二、常用素描工具的使用方法　030
第三节　素描的造型表现　034
一、素描造型的基本要素　034
二、素描的观察方法　038
三、素描写生的基本步骤与方法　039
四、常见问题　041
第四节　素描在幼儿园中的应用　041
一、素描造型语言的运用　041

二、素描作品欣赏与运用 ·· 042
　　三、素描在幼儿园的应用案例——家乡的二七塔 ··· 044

第三单元　色彩　　　　　　　　　　　　　　　　　　　　　　　　　　047

第一节　色彩基础知识 ·· 048
　　一、色彩概述 ·· 048
　　二、色彩的基本术语 ·· 048
第二节　色彩的工具与材料 ·· 051
　　一、色彩的工具与材料 ·· 052
　　二、色彩工具与材料使用的注意事项 ··· 052
第三节　色彩的造型表现 ·· 053
　　一、色彩造型的用笔 ·· 053
　　二、水粉表现技法 ·· 054
　　三、水粉画的作画步骤 ·· 055
第四节　色彩在幼儿园中的应用 ·· 057
　　一、色彩在幼儿园环境创设中的应用 ··· 057
　　二、色彩在幼儿园游戏材料中的应用 ··· 058
　　三、色彩在幼儿色彩画教学中的应用 ··· 058

第四单元　平面设计　　　　　　　　　　　　　　　　　　　　　　　　　063

第一节　平面设计基础知识 ·· 064
　　一、平面设计的概念 ·· 064
　　二、平面设计的形式美法则 ·· 064
　　三、平面设计与色彩、图形、文化 ·· 066
第二节　平面设计的工具与材料 ·· 067
　　一、平面设计中的彩绘工具与材料 ·· 068
　　二、平面设计中的拼贴工具与材料 ·· 070
第三节　平面设计的造型表现 ·· 075
　　一、美术字 ·· 075
　　二、图案 ·· 076
　　三、招贴与贺卡 ·· 079
第四节　平面设计在幼儿园中的应用 ·· 085
　　一、平面设计在幼儿园环境创设中的应用 ··· 085
　　二、平面设计在幼儿园游戏材料中的应用 ··· 086
　　三、平面设计在幼儿美术创作中的应用 ··· 087
　　四、平面设计在幼儿园教育活动中的应用案例 ··· 089

第五单元　古代造型艺术欣赏　　093

第一节　培养审美的眼睛 ··· 094
　　一、美育的目的和价值 ·· 094
　　二、艺术欣赏的发展历程与基本程序 ······································ 094
第二节　古代绘画作品 ··· 095
　　一、人物 ··· 096
　　二、风景 ··· 097
　　三、平民生活景象 ··· 098
第三节　古代雕塑作品 ··· 100
　　一、人体之美 ·· 100
　　二、石窟艺术与神话 ·· 102
第四节　古代工艺作品 ··· 105
　　一、摆件饰品 ·· 105
　　二、实用器具 ·· 106
　　三、雅趣珍玩 ·· 108
第五节　建筑与园林艺术欣赏 ··· 109
　　一、宫廷建筑 ·· 110
　　二、神殿建筑 ·· 112
　　三、东方园林 ·· 114

主要参考文献 ··· 118

第一单元
美术与幼儿园教师素养概述

学习目标

1. 掌握美术的概念及种类。
2. 初步了解美术的基本特征和艺术语言。
3. 结合学习和生活,深刻体验美术是一种文化。
4. 结合专业课程学习,深刻理解美术及美术素养与幼儿园教师职业的关系。

内容结构

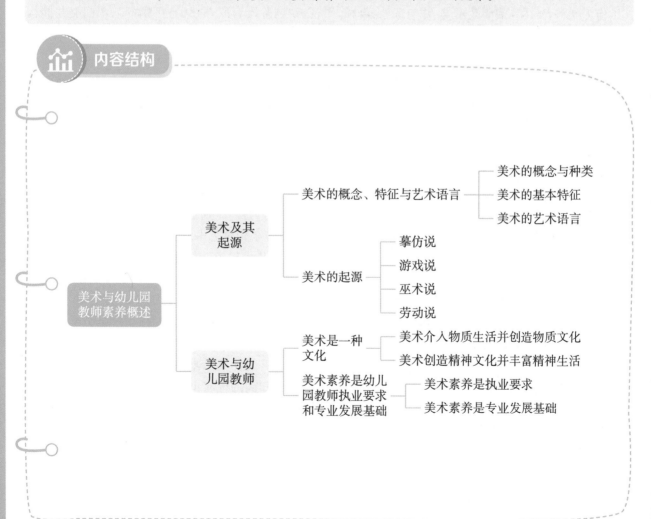

美术，是人类文化史上最古老的艺术形式之一，艺苑中最为璀璨的艺术门类。那么，什么是美术，它有哪些种类？美术是怎么产生的，有怎样的艺术语言？美术与人们的日常生活有何相关，美术及美术素养与幼儿园教师（以下简称"教师"）职业有何关联呢？让我们伴随课程学习共同来探索答案。

第一节　美术及其起源

古今中外，美术及其产出既具艺术性，也具文化性；既关涉精神文明，也涉及物质文明；既具艺术的共性，又有独特性。时至今日，美术分支较多、门类体系庞大，表现形式和手段十分丰富，其范畴和内容也在逐步扩展。

一、美术的概念、特征与艺术语言

Art（美术）一词源自拉丁文，原意为"技巧"（人为技艺），泛指各种手工艺品和戏剧、音乐、诗歌等艺术。我国在五四运动后开始使用"美术"这一词汇。蔡元培先生最初也是从广义意义上使用"美术"这一名词的。随着社会文化的发展进步，美术与艺术的概念逐步分开，美术的内涵开始具体化，但外延有所扩大。

作为学科，美术从属于艺术学，并与音乐、舞蹈、影视、戏剧等既有联系，又有区别的艺术门类共同构成艺术体系。

（一）美术的概念与种类

美术，是作者运用一定的物质材料和造型手段，塑造静态的、可视可感的平面或立体形象，以反映社会生活，表达作者思想情感和审美观，并给他人以美感或满足审美需要的艺术形式。美术也被称为造型艺术、空间艺术或视觉艺术。

美术这一概念包含以下基本含义：一是美术作品必须借助一定的物质材料，如绘画需要笔、纸、颜料等，雕塑则需要泥、木、石、铜和相关工具、辅助材料等；二是美术表达依赖一定的空间，有其自身的艺术语言；三是美术活动过程和结果的感知方式是视觉，并以具体的艺术形象作用于人，引起观者的情感共鸣，使观者获得美的感受。可见，美术是以视觉艺术语言和物质材料为媒介，通过塑造可视、可触的平面或立体形象，表达作者的审美观，反映人的情感和精神境界，给观者带来相关艺术感受或社会生活感悟的。

美术包括绘画、雕塑、工艺、建筑与园林、书法篆刻和摄影等艺术种类。依据社会功能，可归并为观赏性美术（绘画、雕塑）和实用性美术（工艺、建筑与园林、书法篆刻和摄影）两大类。这一划分是相对的，因为观赏性美术如绘画和雕塑作品不仅能满足人们的欣赏需要，也起装饰美化作用，具有一定的实用价值。并且，工艺、建筑与园林、书法篆刻和摄影等美术形式，在满足人们实用、使用需求的同时，也会给人以审美享受，同样具有一定的观赏价值。

从审美特征上讲，美术可分为再现性美术和表现性美术。再现性美术是将客观世界、社会生活中的人物和事物等真实地再现于作品，即"意"在逼真地反映视觉感知到的现实世界，侧重对客观世界外部的模仿和再现。如写实性绘画（图1-1-1）、雕塑以及摄影艺术就属于再现性美术。表现性美术强调对社会生活的思考、评价、愿望和情感表达，偏重主体意识，直抒胸臆，而非客观世界的直观呈现。即从主观感受出发，按照主观意愿，通过变形和抽象化处理，高度概括或表达意趣、情感、思想和意念等。如中国画的大写意、梵高的《星空》（图1-1-2）、毕加索的《格尔尼卡》等作品就属于表现性美术。事实上，美术作品通常都包含客观再现和主观表现两个方面，只不过侧重点或关注要素不同而已，有些作品侧重再现要素，而有些作品则关注表现要素①。

▲ 图1-1-1 《韩熙载夜宴图》(局部) 顾闳中

▲ 图1-1-2 《星空》 [荷兰]梵高

1. 绘画艺术

绘画是借助笔、刀等工具和纸、板、织物、墙壁等物质材料,运用点线、色彩、形体等艺术语言,通过构图、造型、设色、透视等艺术手段,在二维空间塑造具有一定内涵和意味的艺术形象,来反映社会生活、表达情感的美术形式。

绘画工具、材料、艺术语言、造型手段及其内容、形式的多样性,使得绘画种类和体裁非常丰富。从文化体系上,绘画分以中国绘画为代表的东方绘画和以西欧绘画为代表的西方绘画两大体系;从工具材料和技法上,绘画分为中国画(卷轴、册页、手卷、扇面)(图1-1-3)、油画(图1-1-4)、版画(木版、铜版、石版、胶版、纸版)和水彩、水粉、色粉、丙烯、蜡笔、素描等画种;依题材内容,有肖像画、风俗画、历史画、军事画、风景画、静物画、动物画之分;按绘画风格和物象形态,分写实性、装饰性和抽象性绘画;按画者的职业或身份,分为文人画、农民画、工人画、儿童画(图1-1-5)等;按照形制、功能和表现形式,分为独幅画、组画、壁画、宣传画(招贴)、广告画、年画(图1-1-6)、漫画、连环画或插图等。通常这些绘画形式不限工具材料,油画、水粉画、版画,中国画、素描等既可用于画宣传画,也可用于画连环画或插图等。

▲ 图1-1-3 《他日相呼》(中国画)
　　　　　 齐白石

▲ 图1-1-4 《开国大典》(油画) 董希文

一些画种如中国画按照表现内容和技法,还可细分为工笔画、写意画、人物画、山水画、花鸟画等;木刻也可进一步分为黑白、套色、水印套色等种类。可见,绘画是体裁丰富、样式繁多的造型艺术,也是美术乃至整个艺术领域最为丰富和常见的艺术形式之一。

---

① 张道一.美术鉴赏[M].北京:高等教育出版社,1998:37—39.

▲ 图1-1-5 儿童画(水粉)　5岁儿童

▲ 图1-1-6 木版年画　山东杨家埠

由内容到形式,画家到儿童,历史到未来,千山万水到一花一木,重大事件到生活琐事,人物到动植物乃至昆虫……亦真亦幻、气韵生动、应物象形,色彩冷暖、光影明暗,海阔天空、美感兴发、沉思顿悟,绘画以其特有的艺术语言、表达方式诠释人的精神世界和特定的艺术意味,以及对客观世界和事物现象的认知与理解,集中展现美的本质规律和造型美的多样性。

2. 雕塑艺术

雕塑是运用可雕可塑的固体物质材料,通过雕、塑、刻、镂、磨、铸、焊等手段,在三维空间塑造实体艺术形象,进而反映生活、表达情感的美术种类。

按照制作工艺和技法,雕塑分为雕和塑两类;按形态分为圆雕、浮雕和透雕三种。圆雕指不依附任何背景和支撑,供四面观的雕塑(图1-1-7)。浮雕是一种介于立体与平面之间的雕塑形式,往往依附于壁面或平面(图1-1-8),仅有一面形象面向观者,可进一步分为高浮雕和浅浮雕。透雕是在浮雕的基础上镂空背景部分,形成单面或双面呈现形象的雕塑艺术样式。按照材质,分为石雕、玉雕、木雕、铸铜、泥塑、面塑、石膏等。依体裁内容,分建筑、纪念性、城市园林、宗教、陈列性雕塑等。基于样式还可分为头像、胸像、半身像、全身像和群像等。在雕塑上施以色彩,则称之为彩塑或彩雕。

▲ 图1-1-7 《掷铁饼者》(大理石复制品)　[古希腊]米隆

▲ 图1-1-8 人民英雄纪念碑之《五四运动》　滑田友

雕塑以形体、体积和材质作用于人的视觉和触觉,这是雕塑不同于绘画的根本特征。作品基于对形体的感受与把握、材料与内容的有机结合、作品与环境的相互映衬等,彰显实体艺术形象的形体之美、材质之美、空间之美。雕塑不仅反映社会生活和人的情感愿望,也丰富着人的文化境界,美化生活环境。

3. 工艺美术

工艺美术是基于实用和陈设需要,运用一定的物质材料和工艺技术,按照美的基本规律而设计、加工、制作的物质产品。

工艺美术通常分为实用工艺美术和陈设工艺美术两类。前者包括染织、陶瓷、服装、家具(图1-1-9)、工业产品设计等工艺美术门类,后者包括牙雕、木雕、漆器、景泰蓝、金银铜器(图1-1-10)等工艺美术门类。也有人依制作工艺或加工流程将工艺美术分为传统工艺和工业美术两类。

▲ 图1-1-9 家具设计

▲ 图1-1-10 《长信宫灯》(西汉)

工艺美术既是一种实用艺术,也是一种生活、环境的美化艺术。实用与审美相统一是其显著特点,且符合生活的目的性。如什么人,在什么场合、时间,做何用,要达到怎样的艺术效果或氛围等。在现实社会,从穿衣打扮到日常生活用品,从工业产品造型到产品包装,大到一辆汽车,小到一枚硬币……人们的衣食住行等日常生活、工作和学习都离不开工艺美术。可见,工艺美术是集生活、艺术、技术和物质为一体的一种特殊的文化形态,[①]是与人们的物质和精神生活紧密相关的一种美术形式。

4. 建筑与园林艺术

建筑是建筑物和构筑物的总和,是人类用物质材料建造的居住和活动场所[②]。建筑艺术是按照形式美的规律,运用建筑特有的艺术语言,在形体、结构、比例、空间、色彩和装饰等方面,赋予其文化内涵和审美价值,呈现形式美或象征性的实用性造型艺术(图1-1-11)。

从功能性质上,建筑艺术分为民用、工业、公共、宗教、宫殿和纪念性建筑等类型。其中每种类型还可做具体划分,如公共建筑就包括图书馆、体育馆、美术馆、音乐厅等。

▲ 图1-1-11 希腊帕特农神庙

---

① 常锐伦.美术(第一册)[M].北京:人民美术出版社,2000:13.
② 彭吉象.艺术学概论[M].北京:北京大学出版社,1994:273.

建筑艺术具有艺术和科学双重属性,与其他美术种类的最大区别在于它特有的内外"空间"性,强调实用、坚固、美观三大功能。建筑艺术是实用性与审美性、象征性与抽象性、空间造型与所处环境、艺术与工程技术紧密结合的实用造型艺术形式。不仅关乎人们的日常生活、工作和学习,更关乎其环境和品质,而且这种相关具有强迫性,有其自身不可替代的艺术魅力和价值功能。

▲ 图1-1-12 苏州拙政园之小飞虹

园林艺术是在一定的地域运用工程技术和造型艺术手段,通过山水地貌改造、树木花草栽植、建筑营造、园路和甬道布置等途径,创造而成的自然、人文环境和游憩境域(图1-1-12)。除传统的庭园、宅园、游园、公园、植物园等以外,伴随园林艺术的发展,其范畴日趋宽泛,还包括森林公园、城市广场、街道绿化地带,以及风景名胜区、自然保护区或国家公园的游览区等。

从世界范围看,园林分为以中国园林为代表的东方园林、以法国园林为代表的欧洲园林、以古巴比伦和古波斯园林为原型的阿拉伯园林三大体系。其中,中国园林按照其所处地理位置还分为北方园林、江南园林和岭南园林三种类型。

同建筑艺术一样,园林是一种实用艺术,具有实用与审美相统一的艺术特点。按照当下的理解,园林也是一种环境艺术,它不仅给人们创造了美好的生活、休憩的生态环境,还为人们提供了感受自然美、艺术美和境界美的整体性生态环境。因为园林,尤其是中国园林是融建筑、园艺、雕塑、文学、书画等艺术表现手法于一体的。如果说明代造园家计成在其园林学专著《园冶》中,关于"虽由人作,宛自天开"的论述总结了中国园林艺术的基本特点,那么,"诗情画意"就是中国园林思想的写照[①]。园林,这一特有的造型艺术形式,被化作人与自然交流沟通的载体,成为人与自然、文化、艺术相互交融、和谐共生的艺术典范。

5. 书法与篆刻艺术

书法是根据汉字造型特点,主要运用毛笔这一特殊书写工具,通过书体笔法、结构和章法来以"形"表"意",表达作者的思想情操和美学追求的表现艺术(图1-1-13)。

中国书法艺术有篆书、隶书、楷书、行书、草书五大书体。按照载体,有甲骨文、金文、石刻文、拓片、简帛等;根据书家风格,有王体(王羲之、王献之)、颜体(颜真卿)、欧体(欧阳询)、柳体(柳公权)、赵体(赵孟頫)、苏体(苏轼)、黄体(黄庭坚)、米体(米芾)等;依作品格式,有条幅、对联、中堂、斗方、册页、扇面、匾额、手卷等。

中国自古以来就有"书画同源"之说,书法艺术与中国绘画具有同等重要的艺术地位,是中国文化的象征。就其本质,书法是一门实用性与审美性有机结合的表现性实用艺术。它基于汉字的图画性、丰富性、点画形式的多变性,以汉字线条的组合变化、笔力和书势表情达意,集汉字、造型、诗词、构图、美学乃至书者的情怀为一体,有其独特的艺术魅力。尽管书法不像绘画那样表现具体物象,却具有画面般的美感、音乐般的节奏感、舞蹈般的律动感、雕塑般的实体感,给人以审美愉悦、文化享受、激励和力量。

篆刻艺术是镌刻印章(图章)的通称(图1-1-14)。因印面字体多用篆书,且先书后刻,故称篆刻。由古代玺印发展而来,有玺、印、章、戳等别称。

依印面文字凹凸,篆刻有朱文印(阳文)、白文印(阴文)之分;按照用途,分为官印、私印、名章、闲章等;依材质,有金属、玉石、骨角等之分。

篆刻是将汉字的书法美、刀刻的雕琢美、金石的材质美集于方寸之内的造型艺术。其印面虽小,但通过字法、篆法、章法和刀法等一系列艺术表现手段,创造出"白文如晴霞散绮,玉树临风;朱文如荷花映水,

---

[①] 王宏建.艺术概论[M].北京:文化艺术出版社,2000:179.

文鸳戏波；其摹汉印急就章，如神鳌鼓波，雁阵惊寒"的艺术境界①。可谓"方寸之间，气象万千"。

钤印入书画，不仅提高了作品的艺术性、观赏性和文化性，也形成融诗、书、画、印为一体的中国书画艺术特色。"书画至风雅，亦必以印为重。书画之精妙者，得佳印益生色，无印，辄疑为伪。印之与书画，固相辅而行者也。"一代书、画、印大师吴昌硕在其《西泠印社记》中如是说。

▲ 图1-1-13 《兰亭序》（局部） 王羲之　　▲ 图1-1-14 《笑谈间气吐霓虹》 何震

6. 摄影艺术

摄影是以照相机为造型工具，基于创作构思，通过构图、光线、影调（色调）等艺术语言和有关技术手段，来反映社会生活与自然景象的视觉艺术。需明确的是，并非所有摄影都是艺术品，这就犹如不是所有的建筑都是建筑艺术，不是所有毛笔字都是书法一样。

根据画面颜色，摄影分黑白和彩色两种；按照拍摄目的，分实用摄影、艺术摄影；根据器材和技术手段，分为航空、水下、全息、显微（图1-1-15）、红外摄影等；依题材内容，分为新闻（图1-1-16）、人像、风光、静物、生活、舞台、体育、建筑艺术摄影等。

▲ 图1-1-15 《雪花》（显微摄影）　　▲ 图1-1-16 《饥饿的苏丹》（新闻摄影） ［南非］凯文·卡特
　　　　［美］迦勒·福斯特

摄影艺术是科学技术的产物，是现代造型艺术。技术性与艺术性相结合、纪实性与艺术性相统一是其重要特征。由于摄影艺术创作须与拍摄对象共处同一时空，其纪实性内容及瞬间影像固化是其艺术感染力的重要源泉，所以作品在体现记录性和诠释性的同时，会给人以身临其境、置身其中的真实感受。它如同绘画艺术一样，不但反映社会发展过程中具有决定性或重大事件的瞬间，也会安静地"讲述"一事一

---

① 明代篆刻家程朴赞何震篆刻艺术语。张道一. 美术鉴赏［M］. 北京：高等教育出版社，1998：50。

物、一山一水、一花一木的美丽，"讲述"人们追求美好生活的愿望和故事，更善"讲述"大自然和微观世界的奥秘……所不同的是，它以"第三只眼"来观察现实生活并加以高度概括，以具体而生动的影像展现高于现实生活的视觉新天地。

（二）美术的基本特征

不同的艺术种类具有一定的共性，美术同音乐、舞蹈、影视、戏剧等艺术一样，都以形象塑造来表现社会生活、事物现象和作者的思想情感，并以此作用于人，反映人的情感和精神世界。但作为独立的艺术门类，美术有其自身的个性特征。

1. 造型性

造型是美术的基本特点，也是美术的表现手段和本质特征。造型就是塑造形体，是作者按照创作构思，运用工具和物质材料塑造的、固定下来的、一目了然的形体或形象，包括平面造型、立体造型，黑白造型、色彩造型，具象造型、抽象造型、具象和抽象并存的现代造型艺术等形式。

任何美术形式都不能脱离造型，脱离了造型就没有了形体（形象），无形体作品就不存在。造型不仅诉诸视觉来呈现外部形态和内容，还揭示客观事实，反映事物的内在本质以及人的心理、情感状态等。即通过现象表现本质，通过外显形象表达内心，有效处理"形似"与"神似"的关系，[①]如图1-1-2、图1-1-3等。

2. 空间性

空间性是美术表现的存在方式。美术形象塑造、形体结构、表现手段等都是在一定空间内实现的，所以空间性必然是美术的重要特征。

美术的空间（感）产生于视觉、触觉和运动感觉，但这些与源于知觉的空间性质却有着本质区别。如绘画中的空间是通过透视、明暗、色彩等造型手段所达致的视觉空间效果；具有三维空间或立体空间性质的雕塑、建筑和一些工艺美术品等，除可以视觉方式感受其空间外，还可依靠触觉和运动感觉来感受艺术形象的空间，[②]如图1-1-4、图1-1-7、图1-1-11等。

3. 视觉性

视觉性是美术形象的感知方式。以造型为本的美术具有一定的形体，而形体总是直观地构成视觉形象，所以视觉性是美术的核心属性。一方面，美术家通过视觉和造型手段来表现形体（形象）；另一方面，观者也必须通过视觉和相关经验来感受作品的形式与内涵。正因为美术及其作品诉诸视觉，才使它更具直观形象性和观赏性，如图1-1-8、图1-1-9、图1-1-12等。

4. 静态性

静态性是美术形象的存在状态。美术是在一定空间内展开的，其形象固定于物质材料，这就决定了美术只能塑造或反映事物发展过程中某一瞬间、静止的形态或形象。

静态性是由瞬间性和永固性构成的。无论是人物、动植物，还是事物，美术作品所能呈现的仅仅是瞬间动作、表情、姿态、样貌、形态等，即使描绘一个事物的过程，也只能表现其中一个或多个典型的、精彩的瞬间，并且这一个或多个瞬间一旦作为美术创作成为作品时，便会被固定下来保持不变。

静态性也是美术表现的局限性，但并不意味着美术不能表现运动或发展变化中的事物。"局限性"反而促使美术创作更加注重形象动感的深度挖掘和塑造，进而创造出以静示动、以无声表有声的高度概括和凝结化的艺术形象，[③]以获得"动感"或动感联想与体验，如图1-1-2、图1-1-7、图1-1-16等。正是静态性这一特征，将美术与音乐、舞蹈、戏剧等时间艺术区别开来。

5. 物质性

物质材料既是美术形象的载体，又是作品的存在方式。造型使物质材料承载形象以及与形象有关的信息而成为媒体。

物质材料以及与材料相应的造型手段的不同，会使美术形象所占有的空间、形态有别，作用于人时的

---

①② 王宏建，袁宝林. 美术概论[M]. 北京：高等教育出版社，1994：547.
③ 王宏建，袁宝林. 美术概论[M]. 北京：高等教育出版社，1994：548.

视觉感受不同。如中国画所使用的笔、墨、纸、砚就构成了中国画特有的笔墨情趣和审美意蕴,其中特定物质材料所发挥的作用不容小觑,如图1-1-3。物质材料选用的恰切性在一定程度上决定着造型效果和作品的表现力,因此美术通常致力于物质材料及其表现力的发掘与利用,以其材质美、肌理美来增强作品的艺术表现力和感染力,如雕塑、工艺美术(图1-1-8、图1-1-9、图1-1-14)等。

同艺术领域一样,不同的美术种类既存共性,也有个性,且个性差异显著。这些差异不仅形成了有差别的造型美、内容美、形式美,也使得造型艺术更加丰富多彩。

(三) 美术的艺术语言

人类不仅创造了口头语言和书面文字,同时创造了艺术语言。比如,音乐的旋律、节奏、速度、和声等,舞蹈的动作、姿态、表情、节奏等。美术的艺术语言由点线面、空间、光、色等构成,而且不同形式的艺术表达须将语言要素加以组合才能创造出艺术形象。了解美术的艺术语言是学习美术和欣赏美术作品的基础。

1. 点线面与形体

点、线、面是美术最基本的艺术语言。

与几何学中的点不同,美术语言中的点有面积及体积大小、颜色、形态之别(且是相对的),而且因其大小、颜色、形态等排列组合方式、所处空间位置的不同,所带来的视觉感受、冲击力、情绪感染力也都不一样。不同美术种类中的点,其审美价值和作用也有本质区别(图1-1-17、图1-1-18)。

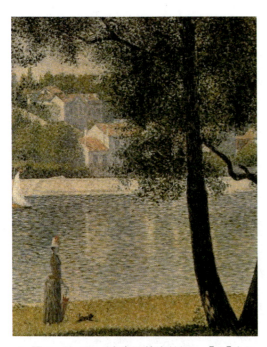

▲ 图1-1-17 《库布瓦的塞纳河》 [法]修拉

▲ 图1-1-18 《海棠》 吴冠中

线(线条)是点的延伸,定向延伸为直线,变向延伸成曲线。线在造型中具有重要作用,二维空间中,线是面的边界线;三维空间中,线是形体的外轮廓线和形体内部结构的结构线①。美术语言中的线表现力极为丰富,不仅能够表达形体、空间、动势等,还能通过长短、疏密、曲直、刚柔、浓淡等不同的线及其组织,构成不同的视觉效果和空间关系(图1-1-18)。

在美术语言中,点向四周扩大、线由宽度扩展都可成为面。二维空间构成的形称为面,包括各种形和物象的轮廓。归纳起来,面有几何形、不规则形、有机形等形态。面不仅有形,也有大小、虚实之分,在以造型为要的美术创作中,面的基本形态与组合直接呈现于人,且使人产生不同的审美体验,其重要性远胜过其他艺术形式。

---

① 张道一. 美术鉴赏[M]. 北京:高等教育出版社,1998:56.

有体必有形,且必有大小。体可以分为基本几何形体和由几何形体构成的复合体。美术语言中的体,有大小、形态、所占空间及位置之别,不同的体或给人以硕大、雄伟、笨拙,或给人以小巧、玲珑、轻松等不同的视觉感受,以及崇敬、恐惧,抑或珍惜、怜爱等审美情感(图1-1-19,图1-1-20)。

▲ 图1-1-19　太行丰碑之一
　　　　　　　贾又福

▲ 图1-1-20　李大钊纪念像　钱绍武

2. 空间与明暗

空间,由长度、宽度、高度以及物与物之间的距离、方向、大小关系等构成,是物质存在的一种客观形态。美术总是存在于一定的空间,所以称"空间艺术"。不同美术种类的空间性质不尽相同,给人的空间感受也不一样,如基于平面的绘画视觉空间与建筑实体空间就有本质区别。因此,运用不同的结构、明暗、透视、形状、大小等视觉或实体空间语言,所表达的空间意义不同,给人带来的情绪感染也不同。

明暗是自然界的物理现象,是物体受光照影响所呈现的光影和明暗变化。明暗能表现物象的立体、空间效果和明暗层次,以及质感、量感等多重视觉效果(图1-1-21)。自意大利画家达·芬奇系统总结出"明暗造型法"后,明暗成为西方绘画表现空间感的主要美术语言之一(图1-1-22)。须注意的是,中西方绘画对空间、明暗理解的维度和实际运用不尽相同。

▲ 图1-1-21　洛阳龙门石窟

▲ 图1-1-22　《夜巡》　[荷兰]伦勃朗

3. 色彩与情感

色彩是一种涉及光、物与视觉的综合现象。美术语言中的物质性色彩具有强烈的刺激性且更为诱人,极具知觉性、情感性和象征性,不仅能够引发冷与暖、华丽与朴素、膨胀与收缩、前进与后退等生理和心理感觉,还能借助色彩的象征意义传达所要表现的情感,唤起相应情绪或视觉的兴奋与宁静(图1-1-23、图1-1-24)。美术作品中的色彩可分为再现性和表现性两大类。美术家正是利用色彩的语言特点并通过其他美术语言的组织,创造出富有艺术感染力和情感表现力的艺术形象。

所谓情感是指色彩的情感。这一情感并非色彩自身所具有的,而是美术家基于多种因素所形成的对色彩的主观选择、好恶和联想赋予了其情感象征意义,并借此来表达心理感受和情感世界,丰富审美情操和精神境界。因此,色彩自然成为美术中最具情感表现力和象征意义的艺术语言。

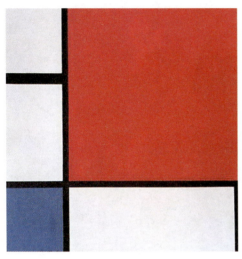 

▲ 图1-1-23 红黄蓝 [荷兰]蒙德里安　　▲ 图1-1-24 《汉宫春晓图》(局部) 仇英

4. 材质与肌理

材质指材料质感及其性能。美术创作离不开物质材料,它不仅是创造艺术形象的手段,其性能、质地、色泽、质感等特点具有独特的表现力,是构成内容表现、审美特点的重要组成部分,而且与作品的审美情感、审美价值密切相关,所以美术创作无不考虑材质美的发掘与利用(图1-1-25、图1-1-26)。

▲ 图1-1-25 当代工艺美术品　　▲ 图1-1-26 《命运三女神》 [古希腊]菲狄亚斯(主持制作)

肌理,是美术作品或材料表面纹理所形成的形式美感。即经触觉和视觉所感受到的起伏、平展、光滑、粗糙、精细的程度,[①]并由此形成的视觉审美效应。如绘画艺术中通过不同笔触或笔法、工艺美术作品中通过丝绸或毛线编织物等,所呈现的光滑、平展、起伏、毛糙等不同的肌理美。合理运用材料自身或通过技法再造的肌理,能够对美术作品产生直接影响,进而提升其审美价值。因此,材质与肌理不仅密切相关,也是美术表达不可或缺的艺术语言之一。

---

① 张道一.美术鉴赏[M].北京:高等教育出版社,1998:62.

二、美术的起源

旧石器时代晚期的一些装饰品和洞穴壁画，是现已发现的人类最早的美术遗产。如中国"山顶洞人"佩戴过的石珠、鹿牙、骨管等饰品(图1-1-27)，以及西班牙北部阿尔塔米拉洞穴和法国西南部拉斯科洞穴的野牛、驯鹿、马等动物壁画(图1-1-28)。关于美术的发生或起源，有许多学者提出了诸如摹仿说、游戏说、巫术说、劳动说等理论学说。

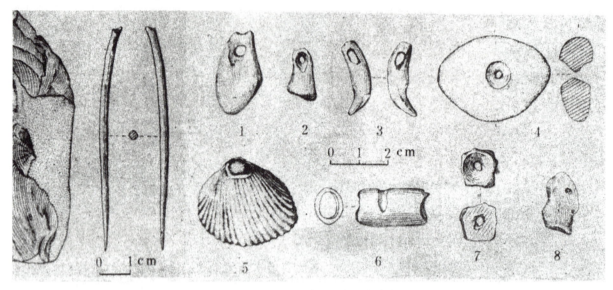

▲ 图1-1-27 山顶洞人美术遗存

▲ 图1-1-28 拉斯科洞穴壁画

（一）摹仿说

摹仿说(也有称"模仿说")是探讨艺术起源最古老的理论学说，古希腊哲学家德谟克利特、亚里士多德是其主要代表人物。

摹仿说认为，艺术起源于人类对自然的摹仿，摹仿是人从孩提时就有的本能和天性。从蜘蛛那里我们学会了织布和缝补，从燕子那里我们学会了造房子，从黄莺等会"唱歌"的鸟那里我们学会了歌唱，德谟克利特如是阐述这一观点。亚里士多德进一步指出，艺术模仿的对象是实实在在的现实世界，艺术不仅反映事物的外观形态，而且反映事物的内在规律和本质。所有艺术都源于对自然界和社会现实的摹仿，不管是何种样式、种类的艺术都是如此，"只是有三点差别，即摹仿所用的媒介不同，所取的对象不同，所采的方式不同"[①]。一些人用形态和色彩来塑造形象、摹仿事物，一些人用声音来摹仿，舞者则是用节奏，

---

① 伍蠡甫.西方文论选(上卷)[M].上海:上海译文出版社,1979:51.

借助动作和姿态来模仿自然和现实。这一学说将摹仿归结为人的本性、艺术起源的动力。其后,达·芬奇、车尔尼雪夫斯基等不同程度地继承和发展了摹仿说。

(二)游戏说

游戏说是包括美术在内的艺术发生理论中比较有影响的学说之一,其代表人物是德国美学家席勒和英国学者斯宾塞。

席勒在《美育书简》中通过对游戏与审美自由关系的研究,首先提出艺术起源于游戏的观点。他认为,摹仿固然重要,但并非主因,艺术起源的真正动力是"游戏的冲动"。人之所以游戏是不满足于自然的需要,他要求有所剩余。而且"只有当人是完全意义上的人时,他才游戏;只有当人游戏时,他才完全是人"①。对处于游戏冲动或游戏状态的人来说,美(游戏)无非是能够给他带来刺激和素材的东西——所谓刺激,乃是促使他能独立地反抗;所谓素材,乃是使他有进行造型的可能②。也就是说,游戏冲动或艺术行为的发生是由"活的形象"引发的,是美的或是自由活动过程中,能够带来"未成熟的趣味"的东西,即"新鲜的和骇俗的、五光十色的、冒险的和新奇的、激烈的和放荡无羁的东西,并且要避免宁静而又素朴的东西"③。尤其是当游戏与人的想象产生联系的时候,"想象借助这种游戏,企图创造一个自由的形式,就最后一跃为审美的游戏了"④。于是,审美萌芽,艺术产生,人的精神境界由此丰富,人成为完全意义上的人,人的天性得到满足和发挥。

席勒的游戏说强调了游戏冲动、审美自由与人性完善之间的重要联系,康德关于艺术和游戏的自由本质论奠定了艺术起源于游戏的理论基础。之后,斯宾塞进一步发展了席勒的观点,认为游戏和艺术都是过剩精力的发泄,美感源于游戏的冲动。游戏是真实活动的摹仿,艺术也是如此,审美活动实质上也是一种游戏。他说:"我们称之为游戏的那些活动是由于这样的一种特征而和审美活动联系起来的,那就是它们都不以任何直接的方法来推动有利于生命的过程。"⑤因此,人们把游戏说称为"席勒-斯宾塞理论"。

(三)巫术说

巫术说是西方艺术起源论中最具影响力的理论,至今仍占优势地位。该理论是英国人类学家爱德华·泰勒在其《原始文化》一书中最早提出的。

巫术说的主要观点是,艺术活动不是为了欣赏,而是带有神秘色彩的巫术目的,即艺术的发生是与审美无关的、具有极大功利动机的巫术。以法国考古学家雷纳克为代表的学者认为,大量洞穴壁画和雕刻,多处于洞穴中最黑暗或难以接近的地方,某些洞穴的壁画先后被原始人反复画过三次之多,其原因就是出于捕猎或祈求成功的巫术动机。按照泰勒交感巫术的观点,⑥原始人认为与之共处的森林草木、河流山川、飞禽走兽和自己一样是有灵魂的,并且可以与人交感,他们企图用巫术去控制这个神秘的自然界,对事物的形象(哪怕是微不足道的部分)施加影响就是对这个事物本身施加影响,因而产生了图腾、巫术与祭祀等活动。大量洞穴壁画中那些被刺或被击中的动物形象,成为艺术源于巫术的有力证据。

(四)劳动说

劳动说是众多艺术起源论中有较大影响的学说之一。英国学者R.沃拉斯切克、德国学者K.毕歇尔、俄国马克思主义理论家普列汉诺夫是其代表人物。

其基本观点是,艺术的产生源自人类的社会实践活动。沃拉斯切克认为,原始人在歌唱和舞蹈中表现出的节奏能力,如果没有得到集体劳动的促进,那么它就不可能在原始部落中达到那样较高程度的发展;毕歇尔直言,劳动、音乐和诗歌极其紧密地互相联系,然而三位一体的基础是劳动⑦。普列汉诺夫在总结批判并发挥前人观点的基础上认为,原始艺术的根源是劳动。原始艺术伴随劳动的需要并在劳动实践过程中产生,与人的劳动生活和生产斗争关系密切。"拜尔顿说,在他所知道的非洲黑人那里,音乐的听

---

① [德]席勒. 美育书简[M]. 徐恒醇,译. 北京:社会科学文献出版社,2016:124.
②③④ 伍蠡甫. 西方文论选(上卷)[M]. 上海:上海译文出版社,1979:487.
⑤ 朱狄. 艺术的起源[M]. 北京:中国社会科学出版社,1982:120—121.
⑥ 朱狄. 艺术的起源[M]. 北京:中国社会科学出版社,1982:131—135.
⑦ 朱狄. 艺术的起源[M]. 北京:中国社会科学出版社,1982:108—109.

觉发展得很差,但是他们对于节奏却敏感得令人吃惊:'划桨人配合着桨的运动歌唱,挑夫一边走一边唱,主妇一边舂米一边唱。'"普列汉诺夫引用这些资料来阐明他的观点①。事实上,《淮南子·道应训》也有类似记载:"今夫举大木者,前呼邪许,后亦应之。此举重劝力之歌也。"同样强调了艺术与劳动的交织。是劳动使人与猿分道扬镳,劳动创造了人本身,也是劳动创造了人类社会以及艺术赖以产生的物质基础。

关于美术的起源还有表现说、多元说(多元决定论)等理论。表现说认为,艺术起源于人类表现与交流的需要,情感表现是艺术发生和发展的重要心理动力;多元说的基本观点是,任何文化现象的发生都有其复杂而多样的原因,而非单一因素导致,艺术的起源或发生也不例外。艺术的产生源自人类的社会实践活动,其中也包括上述各学说因素,正是在多元因素作用下,艺术成为人类文化历史进程中的必然产物。不同的观点或学说基于不同的理论视角和方法论。辩证地看,其中虽有以偏概全,但更有值得学习借鉴之处。这些学说为我们了解和把握艺术的发生或起源,提供了丰富的研究资料和重要依据。

有人坚持认为,在某些原始绘画和现代高度文明化了的儿童绘画之间仍然存在着一种难以否认的类似之处。一方面,它们都是从不成熟的乱涂到某种被控制了的形式之间的进步,都有一种从图解式的概念化类型到更加现实主义化,由简单的内容和形式向复杂的内容和形式过渡;②另一方面,作画者的表现都极为主观,会将事物直截了当地画出来,技巧不熟练、材料很粗糙等③。作为师范生,了解艺术发生或起源的有关理论,对于自身的美术学习以及未来所从事的职业都具有指导意义。

第二节 美术与幼儿园教师

作为一种文化,美术的传播、接受途径和应用范围十分广泛,不仅涉及城市建设与美丽乡村、社会生活与居住环境、工业设计与视觉传达等领域,还与每个人的衣、食、住、行、育、乐等日常生活、学习、工作等息息相关,幼儿园教育也不例外。

一、美术是一种文化

美术是人类文化的重要组成部分,与社会生活有着千丝万缕的联系。一方面,作为一种文化载体,美术形象地"记录"了人类文化发展及成就;另一方面,作为一种文化类型,美术始终处在精神文化和物质文化的创造进程之中。

(一)美术介入物质生活并创造物质文化

生活中充满美术及美术现象。从城市建设、美丽乡村、园林公园、住宅庭院等物质生活环境,到个体穿戴的服装饰品、所用餐具、所看书报、所玩玩具等,在人们的生活和环境之中,可以说美术现象无处不在。它不仅反映社会生活,还直接优化、改造人的生存和生活环境,形成具有自身文化内涵的审美形态,成为当代社会生活中体现造物之美的新时尚。

从"山顶洞人"的石珠(图1-1-27)、西班牙阿尔塔米拉洞穴的野牛,到彩陶、青铜器、瓷器以及古希腊雕塑、哥特式建筑等,这些美术遗产在折射不同历史时期物质生产能力和水平的同时,形象地记录并反映了不同时代的文明程度和文化印记。如宋代张择端的《清明上河图》(图1-2-1),生动地描绘了田间耕作的农人,扫墓归来的人群,进城的驮队,挑夫,骑马、坐轿的人等汴京郊外景象,直观呈现了车水马龙、店铺如林、百业兴隆、热闹非凡的汴京街市。画作在表现北宋都城繁华与发达的同时,再现了那个时代的商业、手工业、民俗、建筑、交通工具等形象资料,具有极高的历史文献和文化价值。

---

① 朱狄. 艺术的起源[M]. 北京:中国社会科学出版社,1982:112—113.
② 朱狄. 艺术的起源[M]. 北京:中国社会科学出版社,1982:92—93.
③ [日]熊本高工,福井昭雄. 儿童是天才、涂鸦万岁[M]. 李英辅,译. 台北:联明出版社,1996:22.

第一单元　美术与幼儿园教师素养概述

伴随经济社会和科学技术的发展,美术及美术现象逐步成为人们日常生活和环境的组成部分,并以物质文化形态改良人们的生活质量。在美丽乡村,随处可见香包、剪纸、藤(草)编(图1-2-2)、刺绣,以及居室悬挂的中堂、条幅等具有浓烈乡土气息的原创性作品;在城市,街区景观、城市雕塑、画廊、主题酒店、购物广场、花店、博物馆、地标建筑等自身和内外艺术装饰,以不同的方式和语言介入人们的现实生活,并在润物细无声中改变人们的生活方式;即便是出行、休闲或娱乐,美术现象也是始终伴随,无论是食宿的饭店、宾馆,还是汽车(图1-2-3)、火车、飞机和轮船等交通工具,造型上无不追求形式美感,内部装饰风格和艺术品位更是各具特色;机场、码头、车站等建筑,在强调发挥功能、满足实用性和出行需要的基础上,尽显公共建筑的艺术性。北京大兴国际机场航站楼(图1-2-4)就是其中的典范,其外形好似展翅的凤凰,翅羽所形成的放射状指廊末端,分别设计有以丝园、茶园、瓷园、田园、中国园为主题的5个露天庭院,使古与今、民族与世界、人工与自然巧妙融合,相映成趣。其中中国园是所有庭院中唯一的仿古园林景观区,由八角亭、六角亭、游廊、垂花门、石桥、池塘等中国古建园艺元素组成,施工工艺严格遵从传统古建筑的营造技法。进入航站楼,阳光透过巨型天窗柔和地洒在地面,光洁的大理石映衬出"C形柱"瑰丽灵动的曲线之美;穿过洁白的值机岛,走近中央峡谷区,顿生豁然与惊艳之感,两侧对称的多层次空间尽收眼底,如丝带般的拱桥和鹅卵石状的商业岛点缀其间,5条指廊尽头的庭院尽在视线范围中……或许只有身临其境,才能感受到站在一个70万平方米的巨大空间中,360度皆可穷极尽头,又不觉得空旷突兀的奇妙感受[①]。

▲ 图1-2-1　《清明上河图》(局部)　〔宋〕张择端

▲ 图1-2-2　藤编

▲ 图1-2-3　概念汽车设计　潘嘉志、朱文熹、赖泽鑫

---

① 王若思. 撷英咀华,大兴国际机场设计之路[DB/OL]. https://mp.weixin.qq.com/s?_biz=MzA3NzcyNDI1Mg==&mid=2650342701&idx=1&sn=0d173da288dd2c639cac0d51f93999e6&chksm=87400a1eb0378308911f61be1aa7ec634a84bf5d6282c14d2f4f5d7cba3d891fa88a01b9c7e2&mpshare=1&scene=23&srcid=#rd/2020-8-15.

航站楼内还有多位中国当代美术家的20余件(组)大型公共美术作品(图1-2-5),以多元的艺术表现形式呈现在不同的空间中。整个航站楼既反映传统文化,又注重人文精神,使机场建筑及其空间与视觉艺术有效结合,成为一座公共、开放、共享、具有持续文化生长力的综合艺术馆。

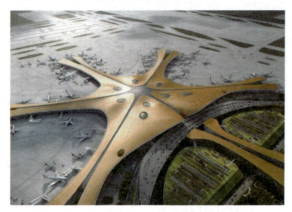
▲ 图1-2-4　北京大兴国际机场航站楼

▲ 图1-2-5　《二十四节气》(航站楼内)　盛姗姗

当今社会,作为显著的文化标识,艺术也是一种生产力,审美也是一种终极关怀,文化也是一种资源。美术以自身的造物美来构建一种生活方式,一种可感知、可体验、可实践的艺术化的生活方式,以此满足人们对有质量、有品位生活的追求①(图1-2-6、图1-2-7)。

▲ 图1-2-6　上合组织青岛峰会(2018)国宴用瓷

▲ 图1-2-7　居民区建筑(加拿大蒙特利尔)

(二) 美术创造精神文化并丰富精神生活

艺术源于生活而高于生活。生活给美术创作以源泉和启迪,美术作品进而反映现实生活,丰富人们的精神生活。一方面,人们从社会生活和自然中发现美,创造美;另一方面,又从美术作品中体验美以及产生对生活的感悟与思考。无论是对美的发现、创造,还是体验、反思都与人的精神世界密切相关(图1-2-8)。

美术是对社会生活的检视。美术家及其作品以独特的艺术语言对社会生活做出深刻的反省与批判,并通过美术创作寻找失去的精神家园。罗中立创作于1980年的油画作品《父亲》(图1-2-9),以特写的方式、写实主义手法,深情地刻画了饱经风霜、满面皱纹的"父亲"。面对"父亲",我们可以,也能够想象,

---

① 潘鲁生.工艺美术和生活价值的回归[DB/OL]. http://www.ihchina.cn/luntan_details/19376.html/2020-8-15.

那黢黑的脸庞、干裂的嘴唇、僵硬的皱纹、憨厚的眼神、粗糙的双手,是严寒酷暑、常年耕作刻在"父亲"身上的印记。画面中"父亲"那满是汗水、古铜色的脸庞,与背景里用辛勤的劳动换来的金黄色丰收景象形成对比。谁知道他那双无比粗糙的大手从地里收割出多少稻米,他那干裂的掉了牙的嘴又扒进多少粗糠咽菜?"父亲"是中华民族亿万农民的代表,集中体现了那个年代农民身上纯朴勤劳的品质和中华民族不屈不挠的精神,表达了作者对通过一生的辛勤劳作为国家做出贡献的农民的敬仰与感激之情①。正是父辈的辛勤劳动才养育出世世代代的中华儿女,《父亲》已然成为我们精神上的父亲!

▲ 图1-2-8 《我丑但我妈喜欢》 黄永玉

▲ 图1-2-9 《父亲》 罗中立

美术的最高旨归在于对人性的复归。重新欣赏《父亲》不仅会有新的理解、心理体验和情感共鸣,"一粥一饭,当思来处不易;半丝半缕,恒念物力维艰",也会引发我们对当代文明的思考,如传统美德、国家富强、勤俭节约、粮食安全等。我们不能忘记共和国历史上的那些革命家和英雄,也要感恩为国家建设做出贡献的普通人。

美术表现人的情感,丰富精神生活,提高精神境界。美术关注思想与情感、直觉与感悟、精神与精神状态。作为心灵与心灵之间、心灵与自然或社会生活之间的媒介,美术的感化与沟通能力超越了语言和种族、时间和空间,并且会伴随社会的发展进步而逐步扩大。扩大了的情感沟通和感化内容既包括作品的内涵,也包括接受者的所思、所想、所做等外延,如前文所讨论的画作《父亲》。过去创造了现在,透过美术作品,我们可以认识、理解已逝去的过去,更好地了解现在并创造未来②。古往今来,美术作品中有大量的历史题材或重大事件的描写。作为一种直观形象的历史"文献",美术在直接呈现关键历史瞬间的同时,还会就历史或事件的感情或精神做出阐释,如天安门广场人民英雄纪念碑基座关于争取民族独立和人民自由幸福的组浮雕(图1-1-8)。

不是所有人都去过卢浮宫,也不是所有人都有机会历经北京大兴国际机场的建造。个体的社会生活及其经历、经验是有限的,没有去过的地方、没有经历过的事物、没有体验过的情感等等,太多太多。但并不意味我们对卢浮宫及其藏品、大兴国际机场的设计及建筑风格一无所知。作为艺术品和文化资源的美术,无论是过去、现在、还是未来,我们都可以通过艺术考察、书籍、影视等多种途径与其进行情感交流和沟通,获得艺术体验和感悟,进而引发深刻的反思,丰富情感和精神境界。

美术以特有的方式直接介入精神生活。一方面,人在长期的社会生活和劳动过程中,积累了对"形式"的认知,使"形式"本身成为审美对象,人拥有了审视"形式美"的眼睛,也使"形式"相对独立于"内容"具有审美价值;另一方面,伴随科学技术和工业文明的发展,美术有效突破了艺术与生活的界限,使美术与科技、美术的社会功能与社会文化、社会生产和审美样式等得到有效沟通。如各种商品包装、广告、交

---

① 程勋旗,李旻.艺术与时代——以罗中立的油画《父亲》为例[J].美与时代(中),2018(5):25—27.
② 徐琳哲.美术文化之阐释[J].艺术教育,2007(4):94—95.

通工具、居室装饰,以及美术片、电视艺术片等。我国20世纪90年代以来的实验艺术,敏锐地反映了社会生活的巨变——传统文化与生活方式的消失、新型都市文化的兴起、大规模的人口迁移、生态环境遭到破坏等。对此,包括绘画、摄影、装置、新媒体等一大批视觉艺术作品,共同反映了处于变革中的社会现实,同时对人性进行了深刻的反思与剖析,[1]有效推动了中华优秀传统文化的传承与发展。

作为一种文化,美术使人与自然、人与社会、人与人之间产生情感联系。在追求美和审美的同时,美术潜移默化地滋养着美的心灵,耳濡目染地改变着人们的生活和思维方式及品质,进而提振人文精神,促进精神文明与物质文明和谐发展(图1-2-10、图1-2-11)。基于此,作为师范生、未来的人民教师,美术学习不仅是美术技能的学习,也不仅是美术知识的学习,更是文化观观照下的文化浸润与传承。

▲ 图1-2-10 剪纸在当代生活空间的应用

▲ 图1-2-11 《如影·随行》(童装设计) 邓婕威

二、美术素养是幼儿园教师执业要求和专业发展基础

"美术是活动,譬如中学生的美术就和小学生的不同,哪一种程度的人就有哪一种的美术,民族文化到什么程度就产生什么程度的美术。"[2]《幼儿园教师专业标准(试行)》(以下简称《专业标准》)明确要求,教师应"具有相应的艺术欣赏与表现知识"。这是国家基于教师职业的专业性和独特性所提出的基本要求。

(一) 美术素养是执业要求

《专业标准》指出,教师是履行幼儿园教育教学工作职责的专业人员,需要经过严格的培养与培训,具有良好的职业道德,掌握系统的专业知识和专业技能。《专业标准》从专业理念与师德、专业知识和专业能力三个维度对教师提出62条基本要求,其中"掌握幼儿园各领域教育的特点与基本知识""相应的艺术欣赏与表现知识""创设有助于促进幼儿成长、学习、游戏的教育环境"等与美术及美术素养相关的就有9条之多,同时要求教师"具有一定的自然科学和人文社会科学知识"。《教师教育课程标准(试行)》(以下简称《课程标准》)关于课程目标的表述更是开宗明义:幼儿园职前教师应理解幼儿的认知特点和学习方式,学会把教育寓于幼儿的生活和游戏中,创设适宜的教育环境,保护与发展幼儿探究、创造的兴趣,让幼儿在愉快的幼儿园生活中健康地成长。一方面,科学、人文、艺术既是师范生必备的通识性知识,也是合格教师掌握的专业知识并形成的相关专业能力;另一方面,美术素养是教师的执业基础和职业独特性的体现(图1-2-12)。因此,师范生应通过美术课程学习,逐步丰富和完善艺术素养(图1-2-13),不断提高审美感受力、表现力、创造力和专业实践能力。

---

[1] 徐琳哲.美术文化之阐释[J].艺术教育,2007(4):94—95.
[2] 蔡元培.蔡元培美学文选[M].北京:北京大学出版社,1983:160.

▲ 图1-2-12 幼儿园教师作品

▲ 图1-2-13 学前教育专业师范生作品

《课程标准》从课程目标达成方面进一步要求师范生，"熟悉健康、语言、社会、科学、艺术等各领域的教育目标，学会以此指导自己的学习和实践"。就艺术领域而言，《幼儿园教育指导纲要（试行）》（以下简称《纲要》）的领域目标是：能初步感受并喜爱环境、生活和艺术中的美；喜欢参加艺术活动，并能大胆地表现自己的情感和体验；能用自己喜欢的方式进行艺术表现活动。《3—6岁儿童学习与发展指南》的领域目标是：喜欢自然界与生活中美的事物，喜欢欣赏多种多样的艺术形式和作品（感受与欣赏）；喜欢进行艺术活动并大胆表现，具有初步的艺术表现与创造能力（表现与创造）。显而易见，上述领域目标是基于艺术活动对幼儿发展的价值提出的，在强调艺术本体价值的同时，注重艺术的衍生价值，不仅让幼儿喜爱艺术中的美，还要感受环境、生活中的美，其内涵和外延有所扩展。师范生应以这些标准指导自己的美术学习和实践，有效形成美术造型与表现、艺术思维与修养、审美判断与支持、活动创意与实践、文化体验与理解等职业所要求的核心美术素养，进而引导、支持幼儿的审美活动。

（二）美术素养是专业发展基础

要在幼儿的心灵中种下一颗"美"的种子，教师就要拥有发现美、感受美、创造美的知识和能力，具有相应的艺术素养。

从幼儿的认知与发展来看，一方面，"幼儿是借助形状、颜色、声音来认识世界，而不是依靠语言交往所获得的知识来认识"[①]。幼儿是在客观事物刺激下，通过感知觉产生探究欲望，从而使认知不断发展。换言之，幼儿的认知具有外观性和直觉性特点，这些特点与艺术的特征具有内在的必然联系以及外在形式上的一致性。形状、颜色、声音、结构、动作、体态、表情等，既是幼儿认知的开端，又是艺术表现的基本元素。艺术的形式和基本元素使幼儿在认知、情感、愉悦、操作等方面获得了极大的满足，且有着不可抗拒的吸引力和诱惑力；艺术活动中的幼儿，又以其特有的方式给艺术着上了欢愉、嬉戏、自由、装扮、创造、想象、游戏等浓厚的生命色彩。所以感受、触摸、观察、摆弄、倾听是幼儿认识客观世界的基本方式，也是幼儿进行艺术活动的基本背景（图1-2-14，图1-2-15，图1-2-16，图1-2-17）。综上所述，无论是从《纲要》的目标要求和幼儿认知的特点看，还是从《专业标准》的要求看，教师都要具备良好的艺术素养。另一方面，幼儿期是一个人身心、情感、社会性和习惯等发展与形成的关键期，而且其学习与发展是综合的、整体的。幼儿园保教对象的特殊性，决定了幼儿园教育目标、内容、形式、方法等与学校教育截然不同，对教师专业要求有别。因此，艺术素养是教师必备的职业素养之一[②]。

素养，指个体所具有的某种价值观，并在这一价值观作用下，遵循相应的规范与要求，运用所掌握的相关符号系统的能力，形成一种稳定性习惯和生活、行为方式。一个有素养的人，在做出个人决策，或参与公众事务、从事相关工作中，能够运用并遵循科学的尺度、人文的尺度和艺术的尺度来把握问题的解决。科学的尺度归根结底是真，人文的尺度归根结底是善，艺术的尺度归根结底是美。

---

① 陈帼眉. 学前心理学[M]. 北京：人民教育出版社，1989：60.
② 沈建洲. 美术基础与训练[M]. 上海：复旦大学出版社，2012：11.

▲ 图1-2-14 幼儿审美观察活动

▲ 图1-2-15 幼儿美术实践活动

▲ 图1-2-16 活动室环境创设（美术角）

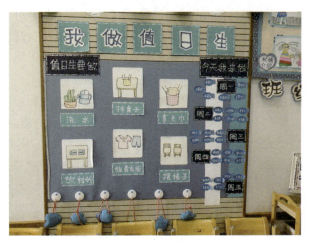
▲ 图1-2-17 活动室环境创设（我做值日生）

就个体而言，素养往往是以综合或整体的形式表现出来的。为了便于研究和理解，人们把它分为科学素养、人文素养和艺术素养，这也是人的精神世界的三大支柱。科学求真，它揭示事物的真相和原理，强调客观规律，给人理智和严谨；人文求善，主张抑恶扬善，倡扬生命关怀、仁爱之心，既具深刻的理性思考，又有深厚的文化底蕴，给人尚德和关怀；艺术求美，诠释美的规律和审美理想，为人们提供审美感悟和情感体验，增强人们的爱美、审美之心以及创造美的能力，给人美感和品位。科学、人文和艺术在人的精神世界里原本就是一个整体，真中有美、有善，善中有真、有美，美中亦存真、存善。①

美术素养，是个体基于美术认知及规则而建立的稳定性审美力和价值观。即一个人应具备的与生活、情感、文化等建立广泛联系的美术感悟力、观察力、想象力、创造力和高雅的审美品位，且能够不需要外部作用或他人提醒，就会自觉自愿地在现实生活中得到体现或迁移。这里言及的美术素养不是美术家所具备的，而是教师基于职业要求所应有的美术素养。具体包括三个层面的内容，其一是掌握基于美术学科体系和幼儿园艺术领域目标的美术基础知识能力，并以美术认知和美术的造型表现与能力获得为主；其二是获得基于专业要求的美术核心素养，并以审美规则、审美判断和艺术思维为要；其三是获得透过美术所要达致的情感、态度、价值观和创新能力，并以美术创意与实践、文化体验与理解、保教实践中的自觉体现和迁移为核心。

马克思指出："艺术对象创造出懂得艺术和能够欣赏美的大众——任何其他产品也都是这样。因此，生产不仅为主体生产对象，而且也为对象生产主体。"②师范生的美术学习过程，是一个接受审美教育、创

---

① 沈建洲. 美术基础与训练[M]. 上海：复旦大学出版社，2012：11—12.
② 中共中央马克思恩格斯列宁斯大林著作编译局. 马克思恩格斯选集（第二卷）[M]. 北京：人民出版社，1972：95.

造美、提高审美能力的过程,最终以文化形态成为职业生涯中最有价值的素养和关键能力,将美术或基于美术的跨领域知识与技能、过程与方法、情感态度与价值观等进行有效整合,进而造就懂得艺术和能够欣赏美的群体——幼儿。作为师范生、未来的教师,专业发展过程就是一个不断加深专业理解、丰富职业情感、更新知识结构、养成终身学习习惯、应对实践挑战的学习和实践过程。美术的学习、美术素养的获得,就是为未来的专业发展奠定厚基础、强能力的过程,进而使师范生在职业道路上越走越踏实,越走越坚定。

单元小结

本单元对美术的概念及种类、特征、艺术语言和美术起源的主要学说作概要性阐述,使师范生对美术有一个基本、整体性的了解与认识。同时,基于美术文化,从执业要求和专业发展两个层面对美术与教师职业的关系展开讨论,其目的在于通过对标《专业标准》和美术课程的学习,引导师范生掌握必备的美术知识与能力,有效形成职业所要求的核心美术素养,丰富专业体验,树立良好的职业情怀和正确的教师观与教育观,为入职幼儿园奠定坚实的职业基础。

思考与练习

1. 简述美术的概念及种类。
2. 如何理解美术是一种文化?结合生活与学习谈谈自己的体会。
3. 实地考察幼儿园教育环境或观察幼儿美术活动,邀请幼儿园教师谈谈美术学习体会,以及美术素养对幼儿园教师职业的重要意义。在此基础上,尝试列出幼儿园教师必备的美术知识和技能,并与《专业标准》相关内容做对照。
4. 结合《专业标准》相关要求,根据学制自拟一份包括专业理念、专业知识和专业能力在内的美术学习计划。

第二单元
素　　描

 学习目标

1. 了解素描的概念、发展和造型特点等基本知识,理解学习素描的意义。
2. 建立正确的观察方法,初步掌握素描的表现方法和表现技巧,具备一定的造型能力。
3. 在艺术实践中体验、欣赏素描作品的艺术风格,感受素描作品的艺术魅力。
4. 结合专业课程的学习,初步掌握素描在幼儿园中的实际应用。

素描是人类历史上最早出现的绘画形式之一,通常指单色绘画。因其工具材料的简单和操作上的方便,多用来作为绘画造型的基础训练手段。实际上素描作为一种独立的艺术形式,本身就具有较高的艺术价值和应用价值。

第一节　素描基础知识

一、素描概述

（一）素描的概念与分类

素描泛指单色绘画,是绘画造型的基础。它既可以用于为其他艺术形式创作搜集创作素材,是绘画构思的一种手段,又是一种具有独立审美价值的绘画门类,如图2-1-1、图2-1-2。

▲ 图2-1-1　《93岁老人肖像》 [德]丢勒

▲ 图2-1-2　《祈祷之手》 [德]丢勒

早期的素描专指绘画的草图或草稿,在中国古代绘画中也叫"粉本",是正式作品的草图或"素稿"。现代的素描,通常作为造型训练的一种手段,同时也是一种独立的艺术形式。素描从表现形式来分,有结构素描、光影素描、线描等;从使用工具上来分,主要有铅笔素描(图2-1-3)、炭笔素描(图2-1-4)、水墨素描(图2-1-5)、钢笔素描(图2-1-6),以及借助现代科技的电脑数字绘画等。素描是一切造型艺术的基础,是绘画者掌握、认识和表现绘画的最基本的手段。

第二单元　素　描

▲ 图2-1-3　《自画像》[意]达·芬奇

▲ 图2-1-4　《自画像》[荷兰]伦勃朗

▲ 图2-1-5　《五马图》(局部)　李公麟

▲ 图2-1-6　钢笔风景写生　李香辰

（二）素描艺术的发展

世界上最早出现的素描是人类使用线条、符号等最为简单的方式来记录生活，这也被称为素描的原始形态。如拉斯科洞窟壁画(图 2-1-7、图 2-1-8)，远古人类用简单的线条勾勒出生动的形象，具有强烈的原始美感。中国绘画里的白描也是以单色线条来描绘形象的，被称为东方素描。如吴道子的《送子天王图》(图 2-1-9)就是东方素描典范。

▲ 图 2-1-7　拉斯科洞窟壁画①

▲ 图 2-1-8　拉斯科洞窟壁画②

▲ 图 2-1-9　《送子天王图》(局部)　吴道子

14—16 世纪的欧洲发生了一场思想文化运动，即"文艺复兴"，绘画艺术也受到了极大影响。其中素描在观察方法、材料使用、表现手法、描绘内容等方面都出现了新特点，谱写了世界艺术史新篇章。其间对素描影响最为深远的当属文艺复兴"三杰"——达·芬奇、米开朗基罗和拉斐尔。

达·芬奇首次把投影和光线融入绘画当中，善于用科学的视角研究比例、空间与透视，并将它们系统地结合起来，使得二维平面的素描作品呈现出立体感(图 2-1-10)，且对后来的素描发展产生了巨大的影响。米开朗基罗的素描造型结实，结构精确，人物素描以"健美"著称，即使女性的身体也描画得肌肉健壮。拉斐尔的素描作品博采众家之长，以优雅、和谐、秀美的艺术风格而著称，同样具有强烈的艺术感染力(图 2-1-11、图 2-1-12)。

17—18 世纪时期的素描作品继承了文艺复兴时期大师们的艺术传统，确立了素描的标准。该时期，在素描领域涌现出很多杰出的艺术大师,如崇尚豪华与激情的巴洛克艺术绘画大师鲁本斯(图2-1-13)、强调光影表现的现实主义艺术大师伦勃朗等。

▲ 图2-1-10 手稿 [意]达·芬奇

▲ 图2-1-11 《圣女像》 [意]拉斐尔

▲ 图2-1-12 《手持盾牌的两个人》 [意]拉斐尔

▲ 图2-1-13 《伊莎贝拉·布兰特的肖像》 [佛兰德斯]鲁本斯

19世纪末期出现了契斯恰可夫的教学体系,强调素描基础训练的程序性和系统性,强调对自然和生活的观察,强调科学论证的态度,强调观察力、理解力和表现力(图2-1-14、图2-1-15)。

▲ 图2-1-14 《埃莱奥诺拉·杜赛肖像》 [俄国]列宾

▲ 图2-1-15 《叶卡泰里·娜巴塔索娃肖像》 [俄国]列宾

进入20世纪以后素描流派被称为现代派素描，随着绘画新方法、新美学的不断发展，其画风流派多彩纷呈。毕加索、达利、蒙德里安等是这个时代最有影响的代表画家，他们的素描作品不再注重古典主义素描的写实造型观念，而更注重画家内心活动的表述和表现形式及手段上的创新。20世纪以来，伴随高科技和信息化技术的发展，社会文化结构和美术形态的变化，素描在知识结构和认知观念上也发生了深刻的变化。

二、素描的特点

相对于绘画的其他种类，素描有以下两个显著特征。

（一）用线造型

构成素描最基本的单位就是线。线条是最原始、最重要的造型手段。看似简单的单线条却可以高度精确地概括、塑造形象，并在形象塑造过程中传达创作者的情感。可以说，线就是素描最基本的造型手段，线就是素描最典型的艺术语言。

达·芬奇曾说，线条从本质上来说既不是实质的，也不是物质的。在现实生活中，不存在用线条组成的阴影面，我们也无法从人物面部找到任何一根线，所以线条本质上是不存在的，它是一种艺术表达手法、绘画的技法。我们用线条来描述物质，可以描绘具象的石膏雕像，也可以描绘抽象的时间，甚至可以用线条来描绘内心的情感世界。所以，素描中的线具有高度的概括性和表现性，它是素描最重要的构成部分。

（二）单色塑造

素描是一种起源于西方的美术技巧，它是造型能力的培养方式和绘画过程的训练手段，它是以黑色或其他单色为基调进行黑白灰表现的一种绘画技巧。所以，素描不是以颜色来表现对象，而是用单一的黑色或其他单色，辅以明暗变化来刻画对象、处理造型关系，并在单一颜色的表现形式下，表达创作者的心理状态和情感信息。

三、学习素描的意义

素描是学前教育专业师范生学习绘画的必修课，学习素描的意义不仅是造型训练，而且是通过素描的学习学会用眼睛看、用脑子想、用手表达自己的所思所感。归纳起来，需要通过素描课的学习培养四个方面的能力：一是训练敏锐的观察力，增强接受视觉信息的能力；二是学会分析、洞悉、理解事物的能力，形成深刻把握事物特征的能力；三是培养创造、想象的能动性，即创造意识和能力；四是熟练掌握素描技能,能够有效提升表达信息的能力。[①]

对于师范生来说,学习素描,不仅要在素描训练的过程中掌握造型艺术的基本手段和方法,熟悉绘画表现的各种技巧,积累观察、认识和表现事物的经验,练习手头上的功夫,更要关注对视觉信息的反映与处理方式,培养对事物的分析与理解能力,快速形成对事物特征的深刻把握能力。学习素描也不能局限于学习素描知识与表现技法,还要注意审美能力和想象力的提升,以及观察力的全面发展。

第二节　素描的工具与材料

素描有一套严格而有效的基础练习方式,实践过程中也积累了大量不同工具、材料在素描练习和表现中的使用技法。

一、常用素描工具与材料

素描的工具可以分为画笔、毛刷、橡皮、画板、画架。画笔、毛刷、橡皮的具体介绍见表2-2-1。

表2-2-1　素描的工具

名称	简　介	使 用 特 点
铅笔	铅笔的笔芯有软硬之分:"B"表示笔芯的软度,"B"前面的数值越大,铅笔越软,色越浓重;"H"表示笔芯的硬度,"H"数值越大,铅笔越硬,着色越浅	层次丰富、可深入刻画、易反光、易灰暗
炭笔	有炭铅笔、炭精条、木炭条等不同种类,并且型号多样,由于软硬程度和使用方法的不同,会产生不同的效果	可以像铅笔一样使用,色重、不反光,可铺大面,也可以刻画细节。其中,木炭条附着力较弱
水笔	主要有针管笔、钢笔两种。针管笔的针管管径从0.1mm到2.0mm,有各种不同的规格;钢笔有普通钢笔和笔尖弯曲的美工钢笔	针管笔能绘制出粗细均匀的线条;美工钢笔可以根据角度的变化绘制出变化丰富的笔触
毛刷	美术用毛刷和其他工作中使用的毛刷均能应用在素描绘画中	可利用刷子自身的韧性、宽度等进行铺色、染色
橡皮	分软、硬两种,软橡皮无固定形态,硬橡皮也有不同硬度的变化	硬度适中的橡皮可以有效擦除画面痕迹,不伤纸面;软橡皮可以随意揉捏成所需要的形状,在纸面上按压、粘贴,达成去除部分痕迹的效果

画板的主要功能是支撑和固定作画的纸张,常用的画板有木制画板、双片画夹、单片画夹等。

画架的作用是支撑画板,释放画者的双手,并使画者获得舒适合理的视角。常用的画架以三脚画架为多,可调整画板角度。

素描的常用材料主要是纸张,纸张有不同的类型,素描常用纸张及其特点见表2-2-2。

表2-2-2　素描常用的纸张

种类	光度	厚度	吸水性	质地	操作要点
素描纸	较为粗糙,纹理细腻,正反纹路不同	较厚	强,遇水易破	耐磨,能够经多次擦拭、修改	适合用所有粉质画具进行绘画,水性笔在素描纸上容易刮纸,墨水容易洇开。素描纸分正反两面,纹理不同,可根据个人喜好与需要选择

[①] 刘少牛.素描教学中构想能力的训练[J].淮北煤炭师范学院学报(哲学社会科学版),2003(3):137—138,147.

续 表

种类	光度	厚度	吸水性	质地	操作要点
卡纸	平滑细致	厚	表面有一定抗水性	坚挺耐磨	几乎适合所有画具。挂铅能力不如素描纸,因此粉质画具在卡纸上表现效果一般
速写纸	光滑	薄	一般	较脆	纸上运笔流畅,宜线描,用水性笔要把握下水量
打印纸	光滑易留痕迹	较薄	一般	较脆	性能与速写纸类似

二、常用素描工具的使用方法

(一)铅笔的使用方法

1. 握笔方法

三角式握笔(图2-2-1):平时写字的惯用握笔方式,适合刻画细节。

上握式握笔(图2-2-2):素描绘画中最常用的握笔姿势,主要用来起形、上调子。用大拇指、食指、中指捏紧铅笔,手臂放松,利用手臂摆动铺设大面积线条,利用手腕摆动铺设小面积线条。排线时,主要用笔的侧锋,如此画出的线条多为虚线,方便修改、覆盖。此外,侧锋用笔使绘画者对线条的把控更深入,能够画出更加饱满、厚重的线条。

2. 发力方法

以握笔姿势为基础,排线时会相应地用到手指、手腕、手臂三个部位来发力。

▲ 图2-2-1 三角式握笔　　　　▲ 图2-2-2 上握式握笔

手指发力(图2-2-3)。无论哪种握笔方式,都可以用小拇指顶起执笔手,减少手臂和画面的接触。既能避免画面遭到摩擦,也能维持执笔手的稳定性。

手腕发力(图2-2-4)。运用手腕左右摆动的力量进行绘画,一般用于大面积铺设调子。

▲ 图2-2-3 手指发力　　　　▲ 图2-2-4 手腕发力

手臂发力。动用手臂凌空在纸上排线。由于手臂发力能画出长直线,一般用于起形阶段。

3. 线条组织与排线方法

线条可通过多种适宜的方式组织成面,网状组合是最常见的形式,但要注意叠加次数不要过多(图2-2-5)。其要领是落笔要轻,中间重,收笔轻,让线条两头虚中间实,这样便于衔接,并且落笔干脆。

▲ 图2-2-5 线条的排列与组织

(二)炭笔的使用方法

炭笔(炭铅笔)的执笔、发力、线条运用与铅笔基本相同,其使用方法的不同主要体现在炭铅的材料上。相比而言,炭笔更黑,色度广,不反光,能用于深入刻画更多细节,使暗部更加透明;铅笔色较灰,反光,深入刻画时叠加层数过多,容易油腻。

木炭条适合用来勾勒轮廓(图2-2-6),下笔时要干净利索。木炭用手或纸巾能够涂抹出大片均匀的色块,通过不同的力度涂擦可以形成"黑-白-灰"关系(图2-2-7)。木炭条可搭配炭笔使用,用木炭条确定形体,填充大体明暗,用炭笔在关键区域刻画细节(图2-2-8)。用木炭条解决大的关系,用炭笔深入刻画,可以使画面更完整、深入。

使用炭笔应注意掌握好色度,色度的变化靠用笔的力度、密度和重复的次数获得(图2-2-9)。为形成明暗的线条,下笔宜轻且密集(图2-2-10)。刻画亮部时应特别小心,不要在亮部涂抹擦拭,容易弄脏画面。用炭条画的线条用橡皮擦不干净,最多只能轻轻按压掉,但仍会留下不好看的痕迹,因此下笔要谨慎。

▲ 图2-2-6 木炭起形

▲ 图2-2-7 擦涂形成关系

▲ 图2-2-8 刻画调整

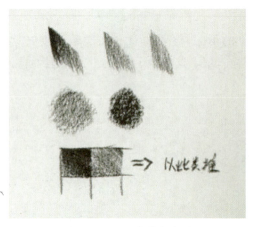
▲ 图2-2-9 炭笔色度对比

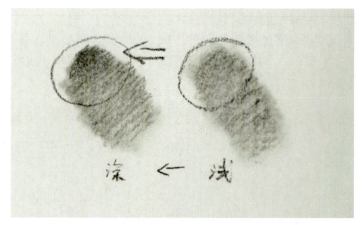
▲ 图2-2-10 炭笔排线：不密、不轻无法涂抹均匀

（三）水性笔的使用方法

在水性笔中，针管笔和钢笔最为常用，二者因笔头构造及下水情况的不同，在具体使用上会有很大差别。比如钢笔用线能粗能细，行笔流畅、潇洒，而针管笔则线条粗细无变化，强调的是稳定和精致。但放到线条组织上，二者便产生了共性。

由于水性笔单线明度无差别、落笔无法修改，其在线条组织上比铅笔更加精准和讲究。其中，排线讲究均匀，网格叠加层次再多也不能乱了秩序和结构（图2-2-11、图2-2-12）。平行而有节奏变化的钢笔线条，在平面上会产生凹凸效果（图2-2-13）。初学时可以先用铅笔画出基本形，再用钢笔从头至尾一次画成。其要领是线条要连贯，中途不要断开。

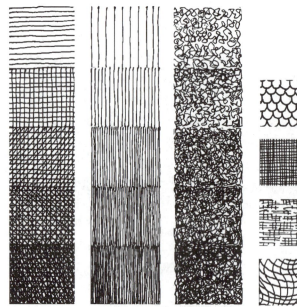
▲ 图2-2-11 水性笔排线

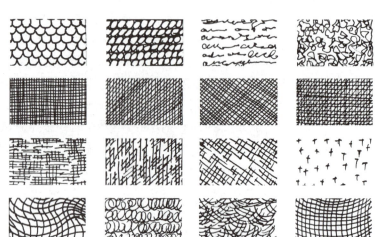
▲ 图2-2-12 排线图案

（四）毛刷和毛笔的使用方法

用铅笔起形后，再用毛笔或毛刷蘸碳粉成片扫上画纸，这种方法的优点是不留笔痕且速度极快，适合制作照相写实素描（图2-2-14）。毛刷和毛笔的素描技法可分两种，即干画和湿画，干画刷法使用方式类似化妆，湿画刷法则类似水彩。

第二单元　素　描

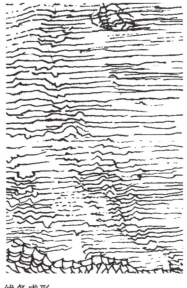
▲ 图2-2-13　线条成形

▲ 图2-2-14　毛刷作画

（五）橡皮的使用方法

1. 细节刻画

细节刻画或画面整理过程中，可将硬橡皮切成薄片或尖角，像铅笔一样使用，这样可以在细节或画面需要的地方擦出高光或发丝(图2-2-15)。

2. 擦抹

橡皮不但可以代替手或纸巾，用于进行明暗的处理，而且可以灵活使用其自身的擦除能力制造出特殊的画面效果(图2-2-16)。

▲ 图2-2-15　橡皮刻画

▲ 图2-2-16　橡皮擦抹

第三节　素描的造型表现

一、素描造型的基本要素

根据专业教学要求，结合师范生执业所需，这里重点对素描的透视、构图、结构、明暗和比例展开讨论。

（一）透视

透视是绘画造型的重要手段，主要研究物体在空间中的位置及形状变化的规律与表现方法。同样大小的物体，距离我们近的视角大，成像清晰，距离我们远的视角小，成像模糊，这样就产生近大远小、近实远虚的视觉现象。把这种视觉现象运用到绘画上，就可以在平面上产生空间感和立体感的假象。我们把这种现象称为透视（图2-3-1）。

透视包括以下相关概念（图2-3-2）。视点指作画者眼睛所处的位置。画面指视点与对象之间假想的透明平面，与视线垂直。视平线指在画面上与视点等高的一条水平线。消失点指物体的边线，在透视图中向远方延伸，最后相交于一点，也叫灭点。消失点通常情况下应该在视平线上，如心点、余点、距点等。

▲ 图2-3-1　透视现象

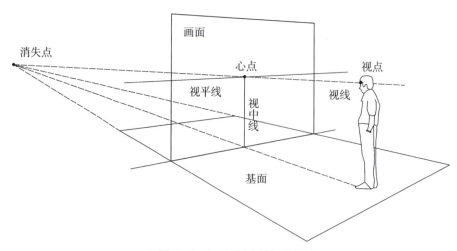

▲ 图2-3-2　透视中的相关概念

透视的相关内容很多，也有一定的难度。学前专业师范生只要掌握最基础的透视规律即可。一般来说，只要能够熟练掌握正常视角下的立方体和圆柱体的透视规律，基本能够满足绘画学习和应用需要。

1. 平行透视

立方体有一个面与画面平行时，与画面垂直的各边线将消失于视平线上的一个点（心点）。平行透视只有一个消失点（图2-3-3）。

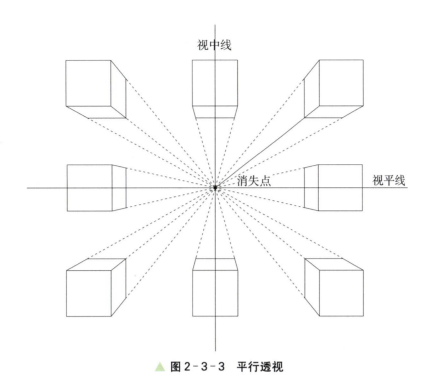

▲ 图 2-3-3 平行透视

2. 成角透视

立方体的面都不与画面平行时,与画面成角度的各边线分别消失于视平线上左右的两个点。成角透视有两个消失点,分别位于视平线上物体的左右两边(图 2-3-4)。

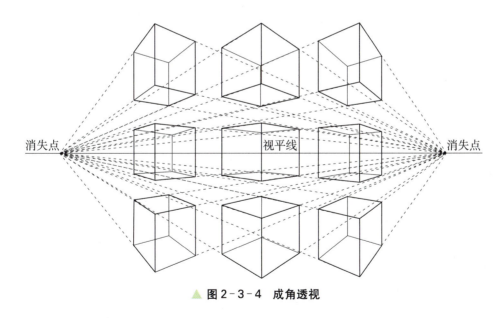

▲ 图 2-3-4 成角透视

3. 圆的透视

正圆的画法:画一个正方形,找出水平与垂直中轴线,先用直线切出内接正八边形,再用短直线切出内接正十六边形。随切角的增加,圆形也会慢慢出现(图 2-3-5)。

透视圆的画法:圆是由正方形通过切线的方式得到的,圆的透视可以根据正方形的透视变化而变化,进而得到圆的透视(图 2-3-6)。

圆球体的透视:通过圆的直径做正方形透视图,再画出透视圆,以此来体现圆球体的空间感(图 2-3-7)。

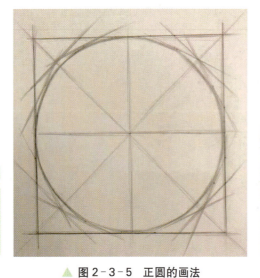
▲ 图2-3-5 正圆的画法

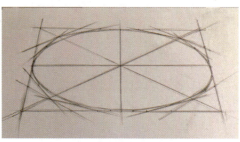
▲ 图2-3-6 圆的透视图

示范视频

切圆

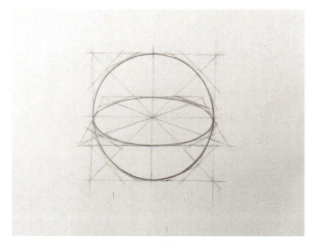
▲ 图2-3-7 圆球体空间感的表现

示范视频
圆球体

（二）构图

构图是指在作画之前对所画对象的大小、位置、比例、空间、明暗等因素的总体设计与构思，也就是如何把要表现的对象合理地安排在画面上。合理的构图应是主次分明、比例合适、富有变化的，不合理的构图会给人以重心不稳、画面空洞、杂乱无章的感觉。

▲ 图2-3-8 素描构图

对于初学者来说，构图就是要使画面均衡饱满，主体突出（图2-3-8）。常用的方法是三分构图法，即将画面用两条横线、两条竖线形成四个交点，四个交点所形成的区域是画面的视觉中心，将主体物放在视觉中心附近，就显得主体突出，画面平稳。

常见的构图形式包括三角形构图和S形构图。三角形构图是最常见的构图形式之一，有正三角、倒三角、斜三角等变化，最常用的是正三角构图，它给人以结实、稳定、均衡的感觉（图2-3-9）。S形构图则会使画面产生流动性和节奏感，轻松流畅（图2-3-10）。

▲ 图2-3-9 三角形构图

▲ 图2-3-10 S形构图

（三）结构

结构是指物体的内部构造与连接方式。物体的各个部分会以特定的方式互相结合，构成内在构造关系。结构是决定物体外观形态的基本因素。

在素描中，结构素描以理解和表达对象自身的结构本质为目的，既要明确对象的构成特征，又要分析、表现对象的结构关系，是一种以线条为主要表现手段，不施明暗，或略施明暗，不强调光影变化，突出对象结构特征及其关系的造型表达方法。鉴于这种表现方法相对比较理性、概括，进而可以忽略对象的光影、质感、质量、明暗等外在因素和不必要的细节（图2-3-11）。

▲ 图2-3-11 结构素描

画结构素描的目的是理解和剖析物体的内部构造，通常用线造型，强调运用明确的、富有变化的线条表现物体的穿插、结合关系。它的特点是透过表面现象看到形体内在的构造变化，运用线条的浓淡、强弱、粗细、虚实等强化形体构造。需要具备较强的三维空间意识，把对象透明化，把那些看得到的、看不到的都表现出来。

（四）明暗

明暗是运用丰富的黑白色阶，客观地表现物体在特定光源的照射下产生的明暗色调变化，它的特点是充分运用黑、白、灰三大面的色调层次，表现形体的起伏和空间体积的变化（图2-3-12）。

1. 三大面

物体在受到光线照射时会呈现出不同的明暗变化：受到光线直射的部分亮度最高，称为亮面；背光的部分最暗，称为暗面；侧受光的部分介于二者之间，称为灰面。黑、白、灰三大面是构成物体空间感的基础（图2-3-13）。

2. 五调子

三大面只是区分了物体在光照下大的明暗变化，根据受光的强弱不同，还有很多明显的层次区别，形成了五个调子（图2-3-14）：亮面、灰面、明暗交界线、反光、投影。

▲ 图 2-3-12　明暗对比

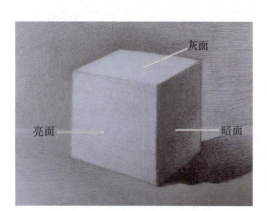 

▲ 图 2-3-13　三大面　　　　　　　　　　　▲ 图 2-3-14　五调子

亮面：光源直射的部分。

灰面：光源斜射的部分。由于角度的变化，物体受光量不同，色调层次变化非常丰富。

明暗交界线：亮面与暗面交界的地方，它既不受光源的照射，又不受反光的影响，是颜色最重的区域。

反光：暗面由于环境的影响相对较亮的区域。

投影：物体遮挡光线在背后形成的影子。

（五）比例

比例是绘画创作的重要要素，绘画的所有因素，如透视、构图、黑白、色彩等，都需要依靠比例来确定彼此之间的关系（图2-3-15）。学习和运用比例是绘画的开始，从某种意义上来说也是绘画的目的。有了合适的比例，就有了较好的造型。

比例更多地意味着长、宽、高及空间关系。每个物体都有自己的比例关系，物体之间也存在着不同的比值（图2-3-16）。比例包括整体比例、局部与整体的比例、局部与局部的比例。

二、素描的观察方法

法国画家德加说："素描画的不是形体，而是对形体的观察。"可见，观察对绘画具有重要价值和意义。这里的观察，是通过对对象形体、结构等多种因素的体会与研究，寻找一种科学、适宜的表达方式，进而提炼出最佳的艺术表达语言和表现方式。观察不同于一般观看，而是基于理解与判断的再创造。

（一）整体观察

无论是单个还是多个对象，都是由许多细节组成的，在观察时把要表现的单个或多个对象看成一个整体，舍弃对全局没有影响的个别要素，关注构成画面的主体，思考物体和画面的关系。

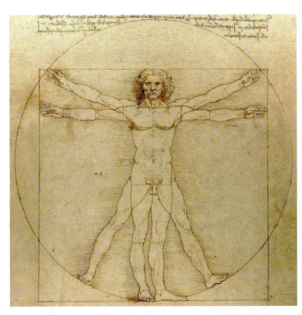

▲ 图 2-3-15 《维特鲁威人》 [意]达·芬奇

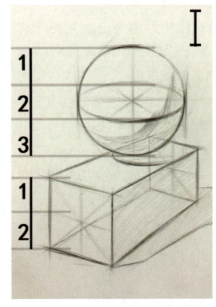

▲ 图 2-3-16 以长方体的正方形底边长度的一半为基本单位来量长

（二）局部比较

观察时,要通过比较来确定物体局部与局部之间、局部与整体之间的结构、明暗、虚实、空间等关系,切勿看到哪儿画到哪儿。

（三）回到整体

局部比较的前提还是整体意识,要从全局出发,思考在画面中物体的比例、位置、形状、面积、黑白、光线及各种关系。在具体操作中,要随时关注画面整体的进度情况。

三、素描写生的基本步骤与方法

（一）观察分析

整体观察,确定物体的主次和组合关系,分析对象之间的比例透视、前后关系和主要特征(图 2-3-17),做到胸有成竹。

▲ 图 2-3-17 观察分析

▲ 图 2-3-18 构图定位

（二）构图定位

确定物体在画面中的位置,用轻而直的线,以最高、最低、最左、最右点定位所描绘物体并概括其大体比例和结构及透视(图 2-3-18)。

(三) 形体结构表现

再次整体观察并调整定位,用长而轻的大直线确定物体的比例、透视、结构和各部分之间的关系,即"画大关系"。根据光源的位置、强弱,从暗部开始,区分明暗,画出三大面、五调子(图2-3-19)。

(四) 深入刻画

按照"整体—局部—整体"的方式,不断比较物体之间的比例、位置、结构,在把握好三大面、五调子的基础上进行局部塑造(图2-3-20)。

(五) 调整完成

从整体出发,运用比较的方式调整整体的黑、白、灰和虚实关系,使画面呈现完整的效果(图2-3-21)。

▲ 图2-3-19 画大关系

▲ 图2-3-20 深入刻画

▲ 图2-3-21 调整完成

写生的重点是把现实生活中的实物转化成画面形象,这种转化并不是照搬照抄,而是通过不同的方式表现对象。因此,观察不仅仅是看到,也是一个思考的过程,有强调,有取舍。下面以苹果为例,完整呈现素描写生的步骤(图2-3-22)。

示范视频
苹果素描写生

步骤1:观察分析

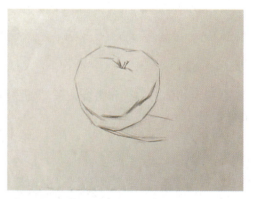
步骤2:构图定位

步骤3:画大关系

步骤4:深入刻画

步骤5:调整完成

▲ 图2-3-22 苹果素描写生

四、常见问题

对于初学素描的师范生来说,比例和透视是最常出现问题的地方。应时刻注意,透视的最基本原则是近大远小,具体到画面上,距离画面的底边越近,代表离作者越近,反之越远。在明暗表现方面,应根据光线角度,先确定明暗交界线的位置,明暗交界线的位置准确了,黑、白、灰关系基本就确定下来了;然后适度拉开黑、白、灰关系,让白的更白,黑的更黑,当然也要根据画面需要适度拉开,否则到处是线条或灰蒙蒙的。用笔和线条需要一段时间的练习,要把每根线条画好,不要急于涂抹色块。在素描的学习过程中,应遵循循序渐进的原则,不急躁,不盲目,每次练习对要重点解决的问题做到心里有数,许多问题会在不知不觉中得到解决。

第四节　素描在幼儿园中的应用

素描作为绘画的基础,涵盖面非常广,在幼儿园的实际应用中往往以各种不同的形式出现。素描在幼儿园中的应用,核心是对素描的理解以及素描技巧的运用。

一、素描造型语言的运用

一些师范生很疑惑为什么要强调素描的学习,在他们看来,素描的黑、白、灰画面比较单一、枯燥,不适合幼儿欣赏。其实,素描造型方法不仅包括传统意义上的明暗光影素描,还包括以线造型为主的结构素描和线描等。同时,学习素描还有助于习得正确的观察方法,掌握初步的造型能力,并提高绘画鉴赏水平,拓展审美视野。

形体、比例、体积、透视、构图等素描造型语言,都渗透在幼儿园教育活动、环境创设及区角布置中。如中班幼儿在制作豆类粘贴画时,先在纸盘上用笔轻轻地画出轮廓,再逐步沿轮廓线进行粘贴;绘本《谁咬了我的大饼》(图 2-4-1)通过对比不同动物的牙齿形状及被咬后的大饼外形,发展幼儿的形象思维及逻辑思维能力;七巧板教具(图 2-4-2)不但能帮助幼儿认识各种几何图形、数字、色彩,还有利于发展幼儿的注意力、想象力和动手操作能力;手影游戏(图 2-4-3)、皮影艺术(图 2-4-4)以平面剪影的形式带给人多变的视觉体验,展现了一个个充满童真与想象的世界,启发了幼儿的联想思维;在建构区(图 2-4-5)用积木、奶粉桶等进行建构拼搭的活动,可以锻炼幼儿的空间知觉,发展其空间想象力、动手操作及交流合作能力等。

▲ 图 2-4-1　绘本《谁咬了我的大饼》

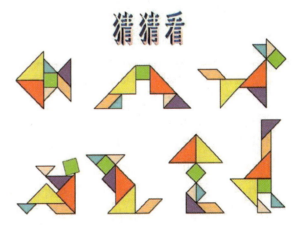

▲ 图 2-4-2　七巧板

▲ 图2-4-3 手影游戏　　　　▲ 图2-4-4 皮影艺术　　　　▲ 图2-4-5 建构区

幼儿园的墙饰布置、儿童画创编中多用散点透视的方法，给人清晰、明确的秩序感，让幼儿容易理解。在人物表现上，把握男女老幼的身高比例特征，尤其是幼儿的头身比例及外形特点等，有助于设计出充满童趣、可爱的艺术形象。

二、素描作品欣赏与运用

（一）欣赏大师素描作品，感受其艺术魅力

和幼儿一起欣赏大师经典的素描作品，例如，毕加索的《牛》(图2-4-6)如何从逼真写实的造型，一步步变成几根简单的线条。又如，马蒂斯的《叼烟斗的人》(图2-4-7)，一堆杂乱无章的线条，放在不同的位置，就给我们不同形象的提示：烟斗里拉出的一组线，好像真的要飘走似的；而眼睛上的两个圆圈，就显出钢丝的硬度。

▲ 图2-4-6 《牛》［西班牙］毕加索　　　　▲ 图2-4-7 《叼烟斗的人》［法］马蒂斯

不同的画家，面对不同的对象，用了生动而富有节奏感的线条和手法来表现层次、明暗、疏密等关系，准确传达出作者的感情，显示了绘画不同的魅力。

（二）用素描来记录和表现生活

记录和表现生活的方法有很多，如引导幼儿通过静物写生、日记画或进行想象创作，体验素描的趣味，也可打破材质和画种界限，以多元材料体验素描的乐趣。给幼儿提供一棵绿植(图2-4-8)、一辆小汽车或安排教室的一个小角落，引导幼儿运用简化与概括、夸张与变形、描述与想象、写实与装饰等绘画语言去表现，充分地发挥想象力与创造力，用自己创造的视觉符号表达思想感情与愿望，用绘画作为交流思想的媒介。

▲ 图 2-4-8　幼儿静物写生　李元初

日记画(图 2-4-9)是幼儿用素描的方式表现一日生活中自己亲身经历或感知过的事物的绘画方式，它多表达幼儿对生活的印象，是经过思考后的创造性表现。日记画既可以帮助幼儿积累创作素材、锻炼绘画能力，又有利于其养成善于观察、分析事物的良好习惯，还可以让幼儿更自由地表达自己的情感，获得身心的健康与和谐成长，进而形成健全完善的人格。

▲ 图 2-4-9　日记画

素描技法还可以用在陶艺素坯(图 2-4-10)、纸盘(图 2-4-11)、帆布包(图 2-4-12)、纸板(图 2-4-13)等多种材质上，可选用多种工具展开素描，通过感触不同的材质界面特性，体验别样的乐趣。

▲ 图 2-4-10　釉下彩盘子　　　　▲ 图 2-4-11　纸盘

▲ 图2-4-12　线描帆布包

▲ 图2-4-13　纸板线描画

三、素描在幼儿园的应用案例——家乡的二七塔

家乡的二七塔（大班）

活动目标

1. 培养艺术欣赏能力，了解并表达对家乡文化和建筑的情感。
2. 提升绘画技巧与创造力，尝试用线描的方法表现不同角度的二七塔。
3. 锻炼观察力和细节处理能力。

活动准备

1. 展示二七塔外貌和特点的图片或实物模型。
2. 与二七塔相关的绘画、摄影等艺术作品。
3. 绘画纸、铅笔、黑色马克笔等绘画材料。

活动设计

1. 导入话题。

教师向幼儿介绍二七塔（图2-4-14），展示图片或实物模型，鼓励幼儿观察并描述二七塔的特点，激发其对家乡文化的兴趣与好奇心。

2. 艺术欣赏。

教师展示一些与二七塔相关的艺术作品，如绘画、摄影等，引导幼儿观察、思考和评价这些作品，培养其艺术欣赏能力。

3. 绘画准备。

教师提供铅笔和画纸，鼓励幼儿根据自己对二七塔的理解，轻轻勾勒出二七塔的轮廓，培养其观察力和绘画基本技巧。

4. 绘制二七塔。

教师带领幼儿温习线描画的基本线练习，从直线、斜线、曲线到点、线、面的组合，对幼儿进行线描画基本技能的指导。提醒幼儿用线要稳，一笔到底，不犹豫、不停留，以"线"成"形"，可以适度夸张与变形。引导幼儿着重观察及刻画某一角度下的二七塔特色，如外形、屋檐、窗户等，积极表现出自己眼中的二七塔，加强对家乡文化的感受和表达。（图2-4-15、图2-4-16）

5. 分享和展示。

教师引导幼儿从二七塔的建筑特色、画面构图等方面分享自己作品的特点（图2-4-17、图2-4-18），鼓励幼儿想象与创造。教师善于肯定与赏识,让幼儿大胆运用夸张、变形等手法,表现自己对建筑之美独特的思考与理解,展示其个性。可以将幼儿的作品展示在教室中或举办小型艺术展览,让幼儿们互相欣赏与学习。

6. 反思和评价。

幼儿通过对二七塔图片的写生,充分感受了画面中线条造型的美感。教师鼓励他们讲述自己绘画作品背后的想法和情感,给予积极的评价和鼓励,增强其爱家乡、爱祖国的情感。

> 活动拓展

1. 组织参观二七塔。如果条件允许,师生可一同前往二七塔实地参观、体验,加深对家乡文化的了解。

2. 同样的主题在不同的年龄班都可以开展,但活动与绘画创作要求应有所不同。小班要求能够画出二七塔的大致轮廓,注意高低、大小等;中班除要求画出基本形体之外,还要体验线条的粗细、曲直、疏密、方向等不同形态的美感,注意屋檐、窗户、钟表的表现,并画出一些细节;大班则再作更高一些的要求,塔的建筑特色如入口、塔牌、屋檐、窗户、钟表及附近的建筑物等要深入刻画,构图也要均衡、饱满。

3. 幼儿和家长互动。鼓励幼儿与家长一起讨论家乡。

▲ 图 2-4-14 郑州市二七纪念塔正面、侧面图

▲ 图 2-4-15 幼儿线描写生1　　▲ 图 2-4-16 幼儿线描写生2

美术——造型基础与表现

▲ 图2-4-17 《排队参观二七塔》 李元初　　▲ 图2-4-18 《我眼中的二七塔》① 范之恒

单元小结

本单元基于对学前教育专业师范生的基本造型要求,对素描进行了概括性梳理,目的是让师范生对作为绘画基础的素描有初步的认识和理解,如素描的概念、特点,常用工具材料的性能、特点及使用方法。重点要求师范生掌握素描的观察方法以及透视、比例、构图的基础知识,了解不同造型手段的特征,形成基本的造型能力,熟练运用素描的作画步骤,完成简单的素描几何形体临摹和写生。师范生在掌握上述素描技能的基础上,还应学习将素描的知识与技巧应用到幼儿园教育实践中,培养幼儿养成善于观察分析的习惯,发掘幼儿的创造潜能。

思考与练习

1. 谈谈对素描的理解与认识,以及师范生学习素描有何现实意义。
2. 在八开纸上画出立方体的成角透视、平行透视的透视图。
3. 在八开素描纸上临摹立方体、球体的明暗素描作品。
4. 在八开素描纸上运用结构画法进行圆柱体写生练习。
5. 在八开素描纸上进行多个几何形体的组合写生练习。
6. 选择学校、公园或城市的标志性建筑进行线描写生练习。
7. 尝试用不同的素描工具或幼儿园常用绘画工具进行体验性素描练习。
8. 结合幼儿园教育和环境创设的实际,梳理、归纳素描在幼儿园的应用。

---

① 由河南省实验幼儿园张嘉琪老师辅导。

第三单元
色　　彩

学习目标

1. 了解色彩的基础知识,学会观察、理解、运用色彩。
2. 懂得色彩的基本术语,提高对色彩的审美水平与运用色彩的能力。
3. 通过色彩知识的学习,将色彩更好地应用到教育实践活动中。

内容结构

第一节　色彩基础知识

一、色彩概述

色彩是人们日常生活中重要的感知对象，五彩缤纷的色彩与千变万化的自然界皆是光照射后输入到人眼睛、中枢神经、大脑的信息，是人的生理现象与心理现象的总称。

（一）色彩的基本概念

色彩是光照射下的不同物体，经过不同程度的吸收，而把光反射到视觉上所显示出来的一种复杂现象。[①] 严格来讲，色彩是人的眼睛对光波的反映，没有光就没有一切，光是色彩产生的基础。

（二）光与色彩的关系

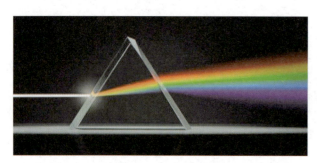

▲ 图3-1-1　光的折射

色是被分解的光，是光进入人眼并传送至大脑时生成的色彩感觉。牛顿用三棱镜折射太阳光后产生赤、橙、黄、绿、青、蓝、紫七色的实验，证明了太阳是由各种色光混合而成的（图3-1-1）。人们看到的颜色与光有密切的联系。当光照射在红色物体上时，物体表面会吸收其他光而只反射红光，所以人们看到的物体是红色的；当物体表面吸收所有光而不反射任何光时，看到的颜色就是黑色；当物体表面不吸收任何光而将光全部反射出去时，看到的颜色就是白色。

（三）色彩的分类

1. 无彩色系

无彩色系指黑、白、灰等只有明度变化而没有冷暖和色彩倾向的颜色。无彩色系的颜色有一个基本性质——明度，它们不具有色相和纯度的性质。色彩的明度可用黑、白度来表示，越接近白色明度越高，反之则明度越低。

2. 有彩色系

光谱中的全部色都属于有彩色，它们是由赤、橙、黄、绿、青、蓝、紫等基本色构成，基本色之间以不同的量混合，可以产生无数种色彩。

二、色彩的基本术语

（一）原色、间色与复色

原色：色彩中不能再分解的基本色。原色有三种，即红、黄、蓝，所以也叫"三原色"。理论上，原色可以调配出任何其他颜色。三原色相互混合能得到黑浊色。

间色：又称为二次色，由两个原色混合而成，即红加黄等于橙，红加蓝等于紫，黄加蓝等于绿，橙、紫、绿为三间色。间色一般用于表现色彩明快、和谐的中纯度色调画面。

复色：由两个间色或三个原色混合而成的颜色，也称三次色，其纯度、明度都倾向于灰性色。日常生活中见到的绝大部分颜色都是复色。（图3-1-2）

[①] 吴国荣. 色彩与视觉思维[M]. 北京：中国轻工业出版社，2007.

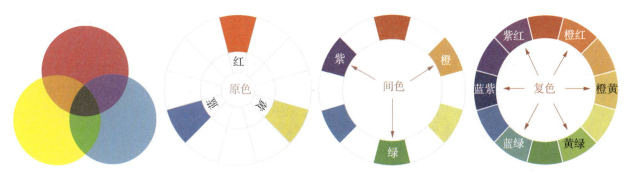

▲ 图3-1-2 原色、间色和复色

（二）色相、明度与纯度

色相：色彩的具体相貌特征，是区分不同颜色的标准。如红、绿、黄、蓝等是为了分清其颜色的种类，我们称呼其中某一名称时，就会产生一个特定的色彩印象与感受。色相体现着色彩的外向性格，是色彩的灵魂。色相环是研究色相的重要工具，其环上的色相顺序是确定的，但种类有所不同，在色相环上三原色各自混合后分别产生了三间色，即最简单的色环是由光谱六色相环形成，若在这六色之间各增加一种过度色相，就构成了十二色相环（图3-1-3）。

明度：色彩本身的明暗深浅程度。明度一是指同一色相受光照后的色彩强弱不一，产生变化的明暗层次；二是指颜色本身的明暗程度与深淡变化。如色相环中的深、淡变化，黄色为明度最高的色，处于光谱的边缘，而紫色相反，明度较低。总的来讲，亮的颜色明度高，暗的颜色明度低。

纯度：色彩的鲜明饱和程度，或者称颜色本身的鲜艳程度。一种颜色加入白色后，随白色量的增加，其纯度降低，而明度则越来越高。如果加入黑色，纯度降低，明度也越来越暗（图3-1-4）。原色的纯度强于间色，间色的纯度则高于复色。运用色彩时，混合的色彩种类越多，纯度就越低。

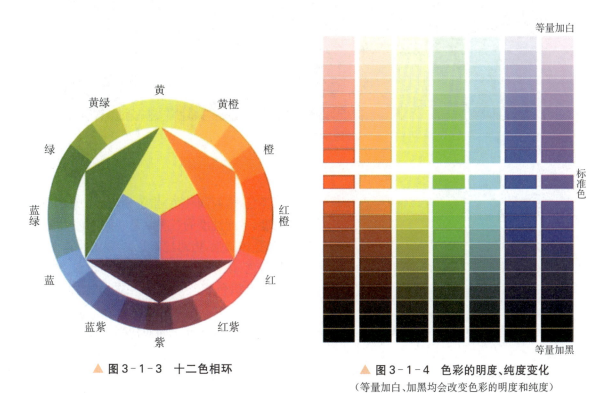

▲ 图3-1-3 十二色相环　　▲ 图3-1-4 色彩的明度、纯度变化
（等量加白、加黑均会改变色彩的明度和纯度）

有了纯度的变化才能使色彩显得丰富，人们所感受到的色彩大部分都是含灰色的。色彩三属性是共生、三位一体的，熟悉和掌握色彩的属性，对于认识色彩、表现色彩、创造色彩非常重要。任何一个色彩要

素的改变都影响原来的色相面貌，它们是不可分割的整体，它们同时存在，协调变化。将色彩的三种属性有秩序地进行整理，并借助三维图像形式分类组成有系统的色彩体系，来同时表现色彩的明度、色相、纯度之间的关系，被称为色立体。

色立体是研究色彩属性较为形象的立体模型，能将色彩三属性直观地反映出来，是色相环与其属性的综合性、立体式展现。近代研究者对色立体学说众说纷纭，各有见地，主要有两个体系——孟塞尔色立体和奥斯特瓦尔德色立体。

（三）色性与色调

色性指色彩的冷暖，是人们对色彩感受的一种心理反应。红、橙、黄等颜色让人产生热烈、欢快的情感反应，感到温暖，这类色称为暖色。蓝、青等色使人联想到海洋、冰雪、寒夜，产生清凉、寒冷等心理反应，这类色称为冷色(图3-1-5)。

色调指的是一幅画面的整体色彩倾向。色调从色相上可分为红调、绿调、紫调等，从明度上可分为亮调、暗调等，从纯度上可分为艳调、灰调等，从色性上可分为暖调、冷调等(图3-1-6)。

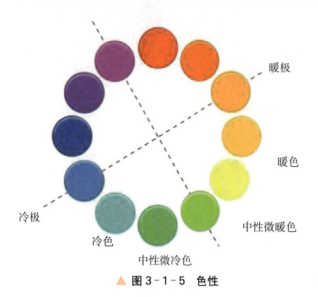

▲ 图3-1-5 色性

▲ 图3-1-6 色调

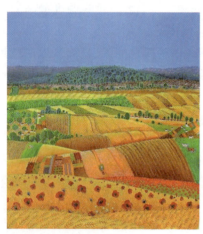

▲ 图3-1-7 同类色与类似色

（四）同类色、类似色与对比色

同类色：也叫同种色，指色相相同的各种颜色，如不同明度、不同纯度的各种红色。同类色相互之间协调性好，整体感强，但对比不足，容易显得单调。

类似色：指含有共同色素的各种颜色，如红与橙、红与紫。类似色相互之间有一定对比，但强度不够(图3-1-7)。

对比色：指不含共同色素的各种颜色，如红与黄、黄与蓝。对比色相互之间对比强烈，缺少协调性，容易显得生硬。

补色：对比色中的一种特殊形式，对比最为强烈，协调性不足。通常来说，三原色中任意一种原色与其他两种原色的合成色为补色关系，即红与绿、黄与紫、蓝与橙等互为补色(图3-1-8)。补色对比十分强烈，并置时能起到相互增强的效果，如红与绿并置的时候，给人的感觉是红的更红，绿的更绿，运用时应注意面积、主次的区别。

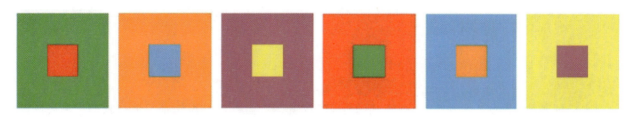

▲ 图 3-1-8 补色

（五）固有色、光源色与环境色

1. 固有色

在自然光下物体所呈现出的色彩称为固有色。固有色的色彩变化一般是明部色彩偏暖，暗部色彩偏冷，投影微弱，色彩偏冷灰。

2. 光源色

光源色指光照射物体时光线的颜色，不同的光源色会导致物体产生不同的色彩。光源色基本上分暖光、冷光两大类，由于视觉上的补色原理，受光部是暖色，背光部为冷色（图 3-1-9）。

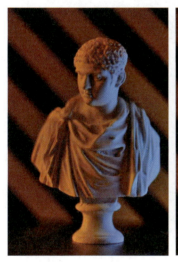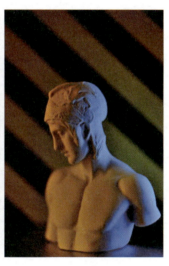

▲ 图 3-1-9 光源色

3. 环境色

物体所处环境中的色彩，由于光的反射，作用到物体上所引起的色彩变化称为环境色。环境色的强弱与光的强弱呈正比。光滑的物体，环境色明显；粗糙的物体，环境色较弱（图 3-1-10）。

光源色、固有色与环境色是构成物体色彩变化的要素。在不同条件下，三要素所起作用不同。例如，在阴天条件下，固有色比较明显；在光源较强条件下，光源色起主导作用；把对象置于光滑平整的物体上，环境色的作用比较明显。

▲ 图 3-1-10 环境色

第二节　色彩的工具与材料

色彩的工具与材料非常多，不同画种都有各自独有的工具和材料，如中国画的毛笔、宣纸，油画的调色油、刮刀；版画的刻刀、油墨等。本节以水粉画为例，重点讨论色彩知识。

一、色彩的工具与材料

（一）工具

1. 画笔

水粉画通用的画笔有水粉笔、油画笔、毛笔、底纹笔等，各有特点，可视作画习惯与画幅大小来选择。其中常用的水粉笔笔杆多由实木、塑料或有机玻璃制成。按笔头的材质，水粉笔可分为羊毛笔和化纤笔。羊毛笔多为白色，适合薄画和湿画法(图3-2-1)；化纤笔较硬，笔头有多种颜色，但多为棕色，适合干画和厚画法(图3-2-2)。

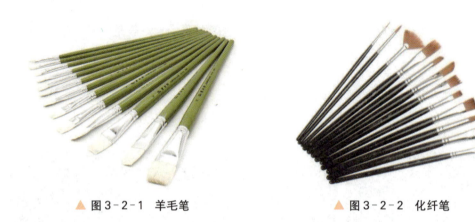

▲ 图3-2-1 羊毛笔　　　　　▲ 图3-2-2 化纤笔

2. 调色盒

调色盒也叫颜料盒，是水彩画、水粉画等画种的颜料容器，具有调色功能，一般为塑料制品，白色，便于携带(图3-2-3)。

（二）材料

水粉颜料是不透明的水溶性颜料，覆盖能力强，方便修改和叠加。水粉颜料有较强的黏着性，画面可以很厚，立体感较强。根据用水的多少，水粉颜料可以厚画，也可以薄画。师范生常用的水粉颜料是12色和24色。

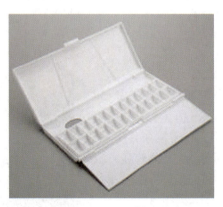 

▲ 图3-2-3 翻盖式调色盒　　　　　▲ 图3-2-4 水粉纸的粘裱

二、色彩工具与材料使用的注意事项

水粉纸吸水性强，干、湿会有明显的涨缩变化，裱纸(图3-2-4)的时候应当注意水分的控制。太干，作画时容易起鼓；太湿，在变干的过程中又容易把纸撕裂。使用水粉笔时，最忌讳长时间浸泡，这样容易使笔毛变形或开胶，造成损坏。水粉笔在用过之后应及时清洗，挤干水分，把笔毛理顺，阴干备用。也可用旧报纸按笔形包好，这样可以保证每次使用时都像新的一样好用。

第三节　色彩的造型表现

色彩造型是在色彩理论的指导下，用颜料去塑造形象，表现物体的形态、空间、质感等的整体表现方法，通过用笔、水分控制、用色厚薄等技法表现不同主题、不同内容的对象，形成画面。

一、色彩造型的用笔

水粉画用笔的种类很多，除水粉专用画笔外，还可以用几乎所有其他画种的画笔、工具来作画。根据笔的大小、软硬，色的干湿、厚薄，水分的多少，作画时间的长短、快慢，运用不同的笔法，可以得到不同的画面效果。

（一）刷、摆

"刷"的表现手法主要是根据画幅大小用相对大号的笔蘸取水分较多的颜料在画面上刷动，运笔快，色彩间衔接柔和，适合画较大的色块，主要用于画背景(图3-3-1)。

"摆"的表现手法主要是按照物体系统结构的走向，用扁平的宽面一笔一笔地把色彩摆在画面上，要求用笔果断而有力(图3-3-2)。

▲ 图3-3-1　排笔刷的效果

▲ 图3-3-2　摆的笔法

（二）拖、扫

"拖"的表现手法要求在运笔时笔触沉而有力。笔中的水分可多可少，均会拖出不同的画面效果(图3-3-3、图3-3-4)，不同的运笔速度亦会呈现出不同的效果。

"扫"的表现手法要求笔触非常有力，笔中的水分较少，笔头轻按画面，运笔速度快(图3-3-5)。作画时，主要在已有的色彩之上扫，有时被覆盖的颜色会显出来，使得色彩的层次更加丰富，常用在高光、反光等表现质感的地方。

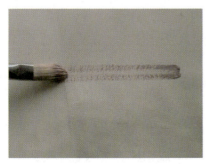
▲ 图3-3-3　干拖的笔法

▲ 图3-3-4　湿拖的笔法

▲ 图3-3-5　扫的笔法

（三）擦、染

"擦"的表现手法即在画面上快速擦揉，分为干擦和湿擦。干擦可以表现物体的粗糙和某些物体的边缘，起色彩虚实过渡的作用；湿擦是用干净的笔在色彩未干或浓淡不匀的地方轻擦，可使笔触不明显，多用在湿画法中。作画时，可借助棉签、海绵、秃毛笔等着色进行擦揉(图3-3-6)，从而形成特殊的效果。

"染"是水粉画的基本技法之一，主要在大面积铺色及湿画法中使用。颜料含水较多，颜色少且较薄，用来表现酣畅淋漓的画面效果，强调不同颜色之间的过渡要自然，没有接触笔的痕迹(图3-3-7)。

▲ 图3-3-6 海绵的擦法

▲ 图3-3-7 水彩染色法

（四）平涂

"平涂"的表现手法主要是将调好的色彩，均匀、平整地涂在已画好的图形里。调色时应注意颜料要浓淡均匀，以及色彩的衔接和笔触的变化，大面积的区域用笔宜大些(图3-3-8)。平涂主要运用在图案的绘制中。

▲ 图3-3-8 平涂的笔法图

▲ 图3-3-9 湿画法

二、水粉表现技法

色彩在作品创作中的表现方法常用的有三种，下面仍以水粉画为例进行展示。

（一）湿画法

湿画法通常在调色时用水较多，很容易在纸面上铺出色块，因水量较大，色层较薄，色块透明度比较高，衔接自然，造型柔和。这种方法多用于绘制大面积的背景或色块(图3-3-9)。

（二）干画法

干画法是指调色时用水较少，因流淌性不足，这种画法能够在画面上形成比较明显的笔触或肌理。干画法通常使用颜料较多，可以在画面上堆积出一定的厚度，使画面形象坚实、厚重，质感强烈(图3-3-10、图3-3-11)。干画法适用于表现对比较强的色彩和形象。

▲ 图 3-3-10 干画法 1

▲ 图 3-3-11 干画法 2

（三）干湿结合法

干画法、湿画法都是人为的区分，在实际应用过程中，更多的还是干湿结合法(图 3-3-12)。一般来说，开始作画时，用色较薄，水分较多，这样可以快速形成大的色彩效果。越往后画，用色越多，画面越干，便于明确形体、形式、对比关系。干湿结合法，也使画面的色层有了厚薄的对比，形成了画面趣味。

三、水粉画的作画步骤

（一）起稿构图

▲ 图 3-3-12 干湿结合法

起稿，指打草稿、拟稿，以备在真正下笔时有条不紊、有的放矢。作画前需先在脑海中构思好画面布局，根据主题的要求把要表现的形象适当地组织起来，然后用铅笔或单色水粉颜料进行起稿。构图的基本原则讲究均衡与对称、对比与协调(图 3-3-13)。

▲ 图 3-3-13 起稿构图（左图为铅笔稿，右图为水粉单色稿）

（二）整体铺色

铺色时先分析整幅画面的光线关系和主要色调，并以此分析色彩的固有色和冷暖色关系。然后用大笔以饱满、厚实的色彩把整幅画的主色调画出来，同时区分物体亮部和暗部的固有色与冷暖色关系。以大色块造型的方法，可暂时忽略细节，先营造出大色块的画面效果，抓住第一视觉印象(图3-3-14)。

▲ 图3-3-14 整体铺色

▲ 图3-3-15 深入刻画

（三）深入刻画

深入刻画是进一步塑造形体以突出其色彩、质地、结构关系等，使形体及画面更完整、细节更明确、关系更协调。通常情况下，从主体物最暗的部分入手，并以此为参照逐个完成画面各暗部的色彩塑造，再由"暗—灰—亮"的顺序，完成所有形体的塑造。要随时注意观察分析光源色、环境色、固有色三者之间的相互影响，适当增强主体物的明暗对比和色彩对比(图3-3-15)。

（四）调整完成

调整完成，即为整体色调的统一、深浅明暗关系的统一、虚与实的统一等，通过调整最终形成一幅完整的色彩作品。在调整的同时须对画面物体的细节进行刻画，如罐子的罐耳、蔬菜的绿叶以及各物体的高光等。细节刻画应点到为止，切忌刻画过度，陷入局部"死抠"之中(图3-3-16)。

▲ 图3-3-16 调整完成

图3-3-17是一幅学生习作，展示了水粉画的作画步骤。

步骤1：起稿构图

步骤2：整体铺色

步骤3：深入刻画

步骤4：调整完成

▲ 图3-3-17 学生习作

色彩静物

第四节 色彩在幼儿园中的应用

色彩作为幼儿艺术启蒙的重要内容，有助于幼儿学会观察世界、表达自我，进而感受美、欣赏美、表现美。在幼儿园中，有很多以色彩作为主要手段进行表现的地方。例如，在幼儿园环境创设中，色调就起到整体导向的作用；在幼儿园玩教具制作中，色彩也起到辨识、归类等重要作用。

一、色彩在幼儿园环境创设中的应用

色彩通过不同的对比关系构成色彩环境，不同的色彩环境带给人不同的视觉和心理感受，进而影响到人的认知与行为。

小班的环境创设应注重幼儿对颜色的基本认知。统一的暖色调有利于为小班幼儿提供和谐、温馨的班级氛围，教师在环境创设中可按区域进行限色布置，配合班级现有墙体、地面的颜色，尽可能用同类色、类似色做限色配置（图3-4-1）。包括幼儿的床单颜色，也要尽量避免颜色过多，造成幼儿视觉嘈杂感，不利于其入睡。

中班的环境创设应注重色彩与客观世界的联系。在绘画形象表达上，中班幼儿处于象征期阶段。因此，环境创设应考虑到"形"与"色"之间的关系。教师可通过同一色系色彩明度、纯度、色相的差异，丰富幼儿对颜色的认知（图3-4-2）。同时，幼儿可以通过色彩的变化了解大自然中事物的变化。例如，常绿树一年四季的基本色调都是绿色，但会随着季节的变化而产生冷暖色调变化。

▲ 图3-4-1 弱对比色彩配置　　　　　　　　　　▲ 图3-4-2 强对比色彩配置

大班的环境创设应注重具有艺术性的色彩搭配。大班幼儿处于形象期阶段，对于色彩不再局限于以事物本身的颜色为取色点和参照点，因此教师在进行环境创设时应有意识地运用更具艺术性、专业性的配色方式进行色彩搭配，如对比色、互补色，或者有意识地利用面积差进行主色、次色、辅助色的色彩搭配。通过环境的色彩，可培养幼儿更具创造力、联想力地去表达自我，同时也为小学阶段的美术鉴赏类课程奠定基础。

二、色彩在幼儿园游戏材料中的应用

在幼儿游戏中，色彩的运用同样重要。合理的色彩运用可以有效激发幼儿的游戏兴趣，帮助幼儿认识世界。要根据幼儿的年龄特征提供游戏材料，明亮温和的色彩会使幼儿感到安全，产生欢快、喜悦的情绪。

幼儿园投入使用的各类玩教具和游戏材料，尤其是自制玩教具，在保证其功能的基础上，应有意识地遵循小、中、大班幼儿对"形象"和"色彩"的需求。通过游戏材料中的色彩，可不断强化幼儿的色彩认知，使其在潜移默化中积累色彩经验。小班使用的玩教具和游戏材料的颜色主要是三原色和三间色（图3-4-3）。随着幼儿年龄的增长，所使用的颜色也在明度、纯度、色相上不断丰富、增加（图3-4-4、图3-4-5）。尤其是在为幼儿提供绘画、手工材料时，教师在选材过程中应更加注重颜色的明度、纯度，慎用较为复杂的色彩，避免幼儿因认知局限造成色彩感知的混乱。

▲ 图3-4-3 简单色彩配置　　▲ 图3-4-4 较为丰富的色彩配置　　▲ 图3-4-5 复杂的色彩配置

三、色彩在幼儿色彩画教学中的应用

色彩画是幼儿园培养幼儿色彩能力的重要途径之一，其核心在于通过不同的教学方式引导幼儿感知色彩、观察世界、抒发情感，进而培养幼儿的艺术素养和审美品位。色彩画教学当中除了考虑色彩本

身之外,应提供能产生更多不同绘画效果的工具和材料以丰富幼儿对色彩的感受,如油画棒、丙烯颜料、水粉颜料、马克笔、彩色铅笔、水彩颜料等。幼儿可通过使用不同的工具丰富色彩语言,增强绘画表现力和创造力。以下通过幼儿园美术教学实践案例来展现色彩画教学的多样性。

吹泡泡(小班)

活动目标

1. 培养艺术创造力和想象力。
2. 增强对颜色和形状的观察力。
3. 尝试用吹泡泡的方法作画,体验泡泡吹画的乐趣。
4. 结合生活经验,用简单的语言表达对画面的想象。

活动准备

1. 色彩丰富的水彩笔和其他画笔。
2. 多种颜色的水彩(粉)颜料。
3. 吹泡泡的液体和吹泡泡棒。
4. 白纸或画板。
5. 水盆和水。

活动设计

1. 引导幼儿观察所吹泡泡的形状和颜色,让其发挥想象力,描述泡泡的不同形状和颜色。
2. 让幼儿用水彩颜料在白纸上涂抹出各种泡泡的形状。可以使用吹泡泡的液体或彩色水彩颜料,让其吹出颜色斑斓的泡泡,然后将泡泡的形状呈现在画纸上。
3. 引导幼儿用水彩笔或画笔画出各种泡泡的颜色。幼儿可以观察吹泡泡时泡泡的颜色变化,然后运用水彩(粉)颜料描绘出来。
4. 让幼儿在画纸上自由创作,发挥想象力画出自己心中的吹泡泡景象。可以鼓励幼儿使用多种颜色、形状和纹理,让画面更加丰富多彩。
5. 活动结束后,可以组织幼儿进行展示,让其互相欣赏和交流彼此的作品(图3-4-6)。

▲ 图3-4-6 吹泡泡

活动拓展

1. 在户外进行吹泡泡比赛,鼓励幼儿吹出更大、更多的泡泡。
2. 在吹泡泡的同时播放音乐,让幼儿通过泡泡的形状和颜色表达音乐的节奏和感觉。
3. 邀请专业的艺术家或教师进行现场指导与讲解,向幼儿传授更多的美术知识和技巧。

彩虹色的花(中班)

活动目标

1. 欣赏绘本《彩虹色的花》,感受故事中彩虹色的花与他人分享快乐、尽力帮助他人的美好情感,懂得乐于助人是一种美德，养成乐意帮助别人的意识和习惯。

2. 培养对颜色的观察和感知能力。

3. 初步学习用水粉来表现彩虹色的花瓣，提升绘画技巧和表达能力。

4. 增强对自然美的欣赏与理解，创作独特的彩虹色的花。

活动准备

1. 绘本《彩虹色的花》的PPT课件。

2. 能活动的有六片花瓣的花，花瓣可以取下，每人一片。

3. 水粉笔、水粉颜料。

4. 白色纸张、剪刀、胶水。

活动设计

1. 欣赏绘本，教师通过讲述故事情节引发幼儿兴趣。

教师：故事中彩虹色的花帮助了哪些小动物呢？每一片花瓣的用处是什么？（用活动的六片花瓣来互动，教师问，幼儿答）彩虹色的花帮助了别人，可自己的花瓣都没有了，大家想帮帮她吗？（幼儿答）

教师：大家和老师一起为彩虹色的花制作花瓣，让彩虹色的花又像以前一样漂亮吧。（幼儿答）

▲ 图3-4-7　彩虹色的花

2. 幼儿观察彩虹色的花的形状和颜色，描述彩虹色的花的形态和颜色分布。

3. 幼儿画出花瓣并进行涂色。

教师引导幼儿画出花瓣，用水粉笔、水粉颜料按照彩虹的颜色进行涂色。也可以让幼儿观察彩虹色的花的图片，根据自己的理解给花瓣上色，注意每种颜色的过渡和混合效果。还可以鼓励幼儿在花瓣上自由创作，尝试使用不同的纹理、形状和线条，在彩虹色的花上展现自己的想象力和创造力，画出属于自己的独特的彩色花瓣。然后，剪出花瓣的形状，用胶水将花瓣固定在纸上，制作出新的花朵。

4. 作品展示。

活动结束后，教师可以组织幼儿进行作品展示，让其互相欣赏和交流彼此的作品（图3-4-7），并鼓励其用简单的语言描述自己的创作过程，也可以讲一讲自己的彩虹色的花的故事。

活动拓展

冬去春来，这一朵重新发芽的彩虹色的花会和以前那朵一样去帮助别人吗？通过画一画彩虹色的花，写一写彩虹色的花与小动物之间的故事，幼儿学习续编故事，体验如何去帮助别人。

救护车（大班）

活动目标

1. 观察救护车的形状、颜色和标志特点，了解救护车的主要用途，增加自我急救意识，培养对社会职业的理解和尊重。

2. 提升绘画技巧和想象力。

3. 培养合作能力和团队意识。

活动准备

1. 色彩丰富的纸张、彩笔和铅笔。

第三单元 色 彩

2. 剪刀和胶水。
3. 救护车的图片或模型(可以借用玩具救护车)。
4. 图纸和绘画工具。

活动设计

1. 使用救护车图片或实物模型引导幼儿观察车的形状、颜色和特点,尝试描述救护车的用途和功能。
2. 引导幼儿使用铅笔在图纸上简单勾勒出救护车的轮廓,也可以提供一些简单的救护车简笔画作参考,帮助他们更好地捕捉救护车的特征。
3. 鼓励幼儿使用彩色笔为救护车上色,让其注意救护车的颜色和图案,并根据自己的想象和创造力进行绘制。
4. 引导幼儿思考救护车的背景环境,如医院、道路、树木、建筑物等,鼓励他们自由发挥想象力进行添画,将救护车放入适合的场景中。
5. 组织幼儿小组合作创作一幅大型救护车场景画。每个幼儿可以负责绘制不同部分,或者每人绘制一辆救护车,然后拼接起来形成一个完整的场景。
6. 活动结束后,可以邀请幼儿分享自己的作品(图3-4-8),互相欣赏和交流,并鼓励他们用简单的语言描述自己绘制救护车的想法和感受。

▲ 图3-4-8 救护车

活动拓展

1. 可以邀请相关专业人士(如医生、护士等)来幼儿园进行讲解和互动,让幼儿更深入地了解救护车的功能和日常工作。
2. 可以组织幼儿进行一场模拟救护车团队的角色扮演活动,让他们体验救护车团队的合作和紧急救援的情景。

单元小结

本单元以色彩知识为主线,以水粉画的学习为手段,通过色彩的造型表现,使师范生了解色彩在绘画中的地位及作用,进而掌握色彩的基本规律,学习用水粉画的工具、材料塑造物象,完成画面。同时,师范生要认识到色彩关系才是色彩的生命,进而在生活与工作中发现美的色彩关系,并运用到幼儿园教育实践中。

思考与练习

1. 选择一幅经典美术作品,运用所掌握的色彩基础知识进行色彩分析。
2. 从色彩三要素的角度分析对比色如何产生明确的对比效果,具有什么规律特征。
3. 色彩的材料、工具有哪些分类?同类工具有哪些不同?
4. 临摹十二色相环,半径不小于5厘米。
5. 完成明度推移、纯度推移练习各一张,不得少于12色阶。
6. 临摹单个对象的水粉静物两张,如苹果、梨、橘子等。
7. 用八开纸临摹多个对象的水粉静物一张。

第四单元 平面设计

学习目标

1. 理解平面设计的基本概念与原则。
2. 掌握平面设计工具与材料的用法。
3. 掌握美术字、图案设计、招贴、贺卡的制作方法。
4. 学会将平面设计运用于幼儿园的环境创设。

内容结构

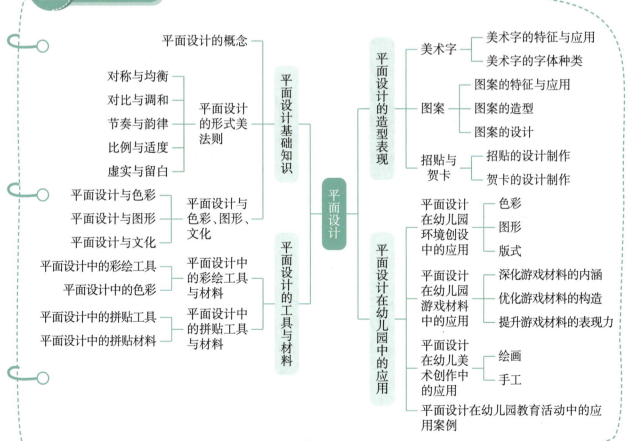

第一节　平面设计基础知识

平面设计是一种视觉表现方式,是通过多种方式结合,创造不同的符号、文字和图像,来传达信息、解决问题的视觉表现。平面设计在幼儿园环境创设中具有非常重要的作用,适宜的幼儿园教育环境创设需要以平面设计为基础,因此掌握平面设计的基本理论知识十分必要。

一、平面设计的概念

平面设计是指在平面空间中的设计活动,其涉及的内容主要是二维空间中各个元素的设计和这些元素组合的布局设计,其中包括字体设计、版面编排、插图、摄影的采用等①。平面设计的主要功能是传达信息、指导、劝说等②,它对于社会的发展和人们的生活都具有重要意义。

二、平面设计的形式美法则

虽然每个人对美的理解与感受不尽相同,但判断美的基本标准却是高度一致的,这里的判断标准就是形式美法则,包括对称与均衡、对比与调和、节奏与韵律、比例与适度、虚实与留白等。

(一) 对称与均衡

对称指图形或物体相对的两边,在大小、形状、距离和排列等方面都一一相当。在生活中,对称的事物随处可见。对称的形态能表达安静、稳定、庄重与威严的心理感觉,并能给人以美感(图 4-1-1)。

均衡是在特定空间范围内,各要素之间保持视觉上力的平衡关系。例如,中国传统文化中的太极图形(图 4-1-2),左右两部分各要素之间就保持了视觉上的均衡效果。均衡的造型方式,彻底打破了轴对称所产生的呆板之感,而具有活泼、跳跃、运动等丰富的造型意味。

▲ 图 4-1-1　对称图形构成　学生作业

▲ 图 4-1-2　均衡图形构成　学生作业

(二) 对比与调和

对比是把两个并列在一起的极不相同的事物相互比较。可以形成对比的因素有很多,如曲直、黑白、厚薄、高低、大小、方圆、粗细、亮暗、虚实、刚柔、浓淡、轻重、远近、冷暖、横竖、正斜等。

通过对比可以形成鲜明的对照,使图案在对比中相辅相成,互相衬托,既活泼生动,又不失完整。在色彩中,对比色(图 4-1-3)、互补色(图 4-1-4)具有强对比的效果。但是过分的对比,可能会产生刺眼、杂乱等感受。

---

①② 王受之. 世界平面设计史(第二版)[M]. 北京:中国青年出版社,2018:5.

调和是对各种对比因素所作的协调处理，使对比因素互相接近或逐步过渡，从而能给人以协调、柔和的美感。色彩获得调和的基本方法是减弱色彩诸要素的对比强度，使色彩关系趋向近似，而产生调和效果。在色彩中，同类色(图4-1-5)、邻近色(图4-1-6)的运用就可以产生这样的效果。

对比与调和是相辅相成的：对比使作品造型生动、个性鲜明，避免平淡无奇；调和则使造型柔和亲切，避免生硬或杂乱。

▲ 图4-1-3 对比色运用

▲ 图4-1-4 互补色运用

▲ 图4-1-5 同类色运用

▲ 图4-1-6 邻近色运用

（三）节奏与韵律

节奏是按照一定的条理、秩序，进行重复、连续排列，以形成一种律动形式。节奏有等距离的连续，也有渐变，如按大小、长短、明暗、形状、高低等排列。

在节奏中注入美的因素和情感，就有了韵律。韵律就好比是音乐中的旋律，不但有节奏，更有情调，它能增强平面设计的感染力。

在平面设计中，节奏和韵律包含在各种构成形式中，其中最为突出的表现是"渐变构成"。

渐变是指以类似的基本形或骨格，渐次、循序渐进地逐步变化，呈现一种有阶段性的、调和的秩序。这种表现形式，在日常生活中是极为常见的。这些采用渐变形式所构成的结构，具有很强的节奏感和韵律美。

渐变形式是多方面的，包括大小的渐变、间隔的渐变、方向的渐变、位置的渐变和形象的渐变等。除此之外，渐变形式还包括自然形态的渐变、色彩的渐变、明度的渐变等。在实际运用中，我们可以将这些形式结合，以取得更加丰富且具有变化的画面效果(图4-1-7)。

▲ 图4-1-7 渐变图形构成　学生作业

（四）比例与适度

比例是造型各部分之间的尺寸关系。部分与部分之间、部分与整体之间、整体的纵向与横向之间等的尺寸、数量的变化对照，都存在着比例。优秀的平面设计作品，首先取决于良好的比例。例如，排版中的黄金比例，是将整体一分为二，较短部分与较长部分长度之比等于较长部分与整体长度之比，其比值约等于0.618，这个比例能使版面获得最大限度的和谐，使版面被分割的不同部分相互联系，是被公认为最能引起美感的比例。

适度是设计作品与人的生理或习性的某些特定标准之间的协调关系，也就是作品要从视觉上适合观者的视觉心理和习惯。适度的比例可便于人们阅读和观察，并使人产生美感。

（五）虚实与留白

留白指版面上适当预留好图片、文字空间之外的空白处。一些设计师往往把设计的重点放在图片、文字上，忽视了留白的设计。我们常常会看到，在有限的版面里放进无限多的内容，使得整个版式"不透气"，就像是信息的堆积、文字的拼贴，不仅降低了画面的美观度，而且也降低了阅读的趣味性。

由此可见，舍去一些版面进行留白，不仅使版式有张有弛，无比从容，同时，也使信息得到有效传播，还提高了版面的格调。

版面中的"实"可以是醒目的字体、图形、色块，版面中的"虚"可以是空白，也可以是弱对比的文字、图形等（图4-1-8）。从具体的图形中可以看出，"虚"的图形存在于"实"的图形的周围，它们始终贯穿于整个图形设计。为了突出主体形象的实，可以将其他部分弱化为虚来衬托主体。虚与实既是相互对立的，也是相互依存的。优秀的版面设计应具有和谐的虚实关系。

▲ 图4-1-8　平面设计海报中虚实与留白的运用　张君陶

三、平面设计与色彩、图形、文化

（一）平面设计与色彩

色彩在平面设计中不仅起着美化画面、均衡构图的作用，还传达着不同的色彩语言，释放着不同的色彩情感。色彩对于一件设计作品，犹如点睛之笔，是决定一件作品能否吸引观众的重要因素。一个好的设计，首先要吸引人们的注意力，而人们最先受到刺激的因素通常就是色彩。能否充分有效地运用色彩手段来吸引读者的注意，是判断一个平面设计作品是否成功的重要因素。

色彩还有助于视觉信息的快速传播，促进平面设计预定目标的达成。通过组合色彩来增强信息的传达效果，是我们可以去学习的。同时，我们更要去研究人们对色彩的反应和理解，这样才可以在平面设计中更好地运用色彩。

（二）平面设计与图形

人们通过眼睛感知到的外部世界都是有形的。图形是表达设计主题的重要元素。设计师通过研究图形之间的位置关系、运动变化、大小比例等因素，创造富有感染力的图形形象，进而呈现平面设计作品的主题与内涵。将设计理念与图形关系法则相结合，是平面设计有效传达信息的良好途径。对图形的研究是平面设计研究的开始，也是编排设计、广告设计、书籍设计等平面设计应用研究的基础。

"形"作为平面设计中的基本元素,是指点、线、面以具象或者抽象形态出现的各种状态。在平面设计中,图形的含义最为丰富与跳跃,往往随着形状的虚实、大小、位置、色彩及肌理的变化而变化。在海报设计中,常常用图形来表现创意,以体现深刻的寓意(图4-1-9)。

(三)平面设计与文化

在现代设计活动中,无论是平面设计、视觉传达,还是工业设计和室内设计,其作品的文化内涵或作品所反映的文化特征,早已成为人们研究、评价的重要切入点,越来越受到设计界的广泛关注。设计本身就是一种文化现象,设计与文化的关系相当错综复杂。

1. 文化影响设计

设计无时无处不受文化的影响,文艺思潮、历史、政治、风俗习惯等因素,影响着设计师和受众的思维方式,进而影响到设计原则、设计风格、设计体系以及设计评价。

2. 设计反映文化

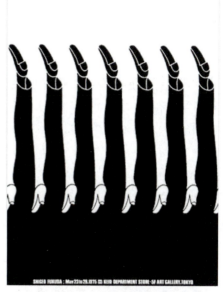

▲ 图4-1-9 海报设计中的图形创意
[日]福田繁雄

设计是文化的结晶,设计作品的风格、流派、形态、色彩、材料、结构等就是一种文化现象,是反映文化的镜子。透过设计,人们能够看到深藏其后的哲学思想。设计是重大历史事件的见证和缩影,反映了特定民族的精神特质(图4-1-10),也见证了科技与社会的进步。

▲ 图4-1-10 幼儿园环境创设中的中国传统文化体现　吴雪影　张君陶

3. 设计反作用于文化

设计既是一种文化现象、文化成果的缩影,成为文化历史积淀的一部分,同时也在不断地推动着文化的前进。

第二节　平面设计的工具与材料

工具与材料是平面设计不可缺少的部分,是完成平面设计的必要条件。全面深入地了解和掌握平面设计工具与材料的特性及使用方法,有助于平面设计作品的创作和表现。

一、平面设计中的彩绘工具与材料

（一）平面设计中的彩绘工具

1. 彩色铅笔

彩色铅笔是用彩色颜料与黏合料等混合所制成的一种绘图铅笔,根据所采用颜料种类的不同可分为普通彩色铅笔(图4-2-1)和水溶性彩色铅笔(图4-2-2)。水溶性彩色铅笔除了和普通彩色铅笔相同的用法外,还可以用蘸湿的毛笔对所画的痕迹加以涂抹,以制造出类似水彩的渲染效果。

▲ 图4-2-1 班牌设计(普通彩铅) 王子芊

▲ 图4-2-2 美术字设计(水溶性彩铅) 许琼月

2. 马克笔

马克笔又称记号笔,一般有硬、软两种笔头,颜色多达上百种。马克笔的墨水不易涂改,因此常用于一次性的绘图,如幼儿园主题墙、班牌、活动海报、玩教具、平面插画等的创作和绘制(见图4-2-3、图4-2-4)。根据笔头数量不同,马克笔分为单头马克笔和双头马克笔。单头马克笔笔头为圆形,双头马克笔笔头有方形和圆形两种,其中方形笔头随着笔头的转动可画出粗细不同的线条。根据墨水类型的不同,马克笔可分为水性马克笔、油性马克笔和酒精性马克笔。水性马克笔的墨水不含油精成分,可溶于水,颜色亮丽有透明感,但多次叠加颜色后会变灰;油性马克笔的墨水速干、耐水、颜色鲜亮、耐光性好,且颜色多次叠加不会伤纸;酒精性马克笔可在任何光滑表面书写作画,速干、防水、环保。此外,马克笔画上也可辅以其他材料和技法进行较深入的刻画,如用彩色铅笔、水彩等工具与材料,以增加画面的层次和立体感。

除了彩色铅笔、马克笔,平面设计中也可使用色粉笔。

▲ 图4-2-3 贺卡设计(马克笔) 吕佳欣

▲ 图4-2-4 字体设计《童画空间》 幼儿园主题墙标题

（二）平面设计中的色彩

色彩可以起到突出主题、统一画面的作用。色彩的使用要与主题相符合，无论是选择冷色调还是暖色调，都应以同色系、邻近色为主，用互补色或对比色进行点缀。有些教师觉得幼儿的世界色彩一定要醒目、突出，因此喜欢采用大面积高对比的颜色。其实，在环境色彩运用领域，最能够让人保持持久欣赏力的色彩搭配还是温柔、和谐、对比度在中等以下的色彩搭配(图4-2-5)。色彩设计中通常遵循的准则有自然配色法和色彩面积黄金比。

▲ 图4-2-5　色彩对比　学生作业

创作时，可以在自然界中选择合适的颜色，进行色彩提炼，将其运用于设计中。也可以对名画、摄影图片等进行色彩分析，学习配色(图4-2-6)。色彩搭配的黄金比例法为60%同类色主色＋30%邻近色辅助色＋10%对比色。具体的运用方法是：以1～2个同类色为主，占据色彩使用面积的60%；以2～3个邻近色为辅色，占据色彩使用面积的30%；以1～2个对比或互补色为点缀，占据色彩使用面积的10%。对于初学者来说，掌握色彩面积比可以在短时间内快速提高色彩的运用能力(图4-2-7)。

▲ 图4-2-6　色彩提取1　　　　　　　▲ 图4-2-7　色彩提取2

平面设计的重点在设计,材料只是呈现设计意图的手段,因此对材料没有特别的要求,凡是能够体现设计意图的都可以使用,如木板、石头(图4-2-8)、塑料、金属、光碟、镜子、羽毛(图4-2-9)、树叶(图4-2-10)、蛋壳等。通过合理的材料搭配、绘制,可以创作出奇特惊艳的艺术作品。常见的绘画材料,如丙烯颜料(图4-2-11)、水粉颜料、水彩颜料、色粉笔等也经常在平面设计中使用。特别是水彩颜料(图4-2-12),在儿童绘本、平面插画、海报等创作和绘制中使用得比较多。

▲ 图4-2-8 石头画　王鹤鸣

▲ 图4-2-9 羽毛画　吴晴晴

▲ 图4-2-10 叶子画　王鹤鸣

▲ 图4-2-11 墙绘《育人里站》　程硕

▲ 图4-2-12 水彩插画《猫与窗》　蔡健雅

二、平面设计中的拼贴工具与材料

(一) 平面设计中的拼贴工具

1. 切割工具

在拼贴类作品制作中,剪刀的使用频率非常高,常用的剪刀分直刃剪刀和花边剪刀。直刃剪刀即常见的普通剪刀,可剪切布、纸、绳等片状或线状物体,用途广泛。花边剪刀主要用来剪切纸材,通过锯齿状的刀刃可以剪出不同形状的花边线条,整齐规范,常在制作辅料时使用。

除了剪刀外,在设计创作中使用较多的还有斜尖刻刀和圆口刻刀。圆口刻刀和美工刀用途相似,可做一些长线、大面积的切割。斜尖刻刀则更适合刻制较精细的作品,主要用于平面刻纸和立体作品的制作。

2. 其他工具

在材料过于细小、手指不易操作时,通常用镊子作为辅助操作工具。根据实际使用情况,一般可分为直头镊子、平头镊子和弯头镊子三种,常用于制作纸浮雕、衍纸、贴珠贴钻等精细作品。卷棒也是拼贴作品中使用较多的工具,包括木棍、笔杆、螺丝刀等粗细不同、表面光滑的棒子,主要在纸浮雕、衍纸等设计创作过程中制作圆柱或卷曲形体时使用。

(二)平面设计中的拼贴材料

拼贴材料多种多样,无论是单个还是多种材料相互拼贴,都会产生不同的视觉效果和艺术张力。

1. 纸材

彩色卡纸　彩色卡纸颜色丰富、坚挺平整,既适合设计、制作半立体式的贴画,也适合撕贴或重叠贴画。其色彩多样,带给创作者更多的选择空间,被广泛应用于平面设计和幼儿园环境创设等众多领域(见图4-2-13、图4-2-14)。

▲ 图4-2-13　《少女》　学生作业

▲ 图4-2-14　《胖月亮》　学生作业

自染纸　当现有纸张的颜色肌理不能满足设计需要时,可以用水彩、彩铅等颜料、工具晕染出具有独特色彩和点、线、面纹理效果的纸张,这些自染纸经常会呈现出美丽、特别、随机的图案和质感。根据需要剪切后的自染纸可以用来拼贴插画、装饰画的肌理,渲染气氛,既有个性,又时尚环保(图4-2-15)。

海绵纸　海绵纸并非传统意义上用纸浆制作成的纸,而是采用其他材料加工制作的。它的韧性强,有一定的柔软度,涂布层均匀,亚光质感,手感绵柔,经常用于拼贴(图4-2-16)。

▲ 图4-2-15　自染纸拼贴画《星云月》　张萌萌

▲ 图4-2-16　拼贴画《面具》　学生作业

瓦楞纸板　瓦楞纸板是由瓦楞原纸经瓦楞辊加工制作成的板状物,一般分为单瓦楞纸板和双瓦楞纸板两类。瓦楞纸板表面具有凹凸条状的肌理,延展性好,不仅可拼贴出有趣的半立体造型,而且可以卷曲、折叠、拼插出不同的立体效果(图4-2-17、图4-2-18)。

▲图4-2-17　立体瓦楞纸拼插《多体》　王慧颖

▲图4-2-18　半立体瓦楞纸拼贴《纸上谈ART》　吴笑笑

▲图4-2-19　包装纸拼贴画《小绵羊》
学生作业

书籍、报纸、杂志、广告宣传纸和包装纸　书籍、报纸、杂志和广告宣传纸都是生活中随处可见的材料,经常在用完后被当成垃圾处理掉。如果将书籍、报纸、杂志和广告宣传纸上的插图或有趣的图形剪下或撕下,如眼睛、鼻子、嘴巴、衣服、动物、风景等,再按照设计思路拼贴在画纸上,就可以做出复古、奇特、有趣和超现实主义的画面效果,既环保,又有艺术感(图4-2-19)。

2. 布料

布料是常用的装饰材料,种类繁多,印花、质感和厚度各不相同。常用的拼贴布料有棉布(图4-2-20)、麻布、丝绸、呢绒、皮革、牛仔布(图4-2-21)、无纺布和化纤混纺等。拼贴时应根据主题选择花色和质感适宜的布料,既可以使用粘贴的手法,也可以用缝制的方法组合成完整的艺术作品。

▲图4-2-20　棉布拼贴画《假日》　宋晓欣

▲图4-2-21　牛仔布拼贴画《Cool Girl》
苏　丹

3. 回收性材料

回收性材料包括易拉罐、玻璃(图4-2-22)、塑料瓶、铁丝、光盘(图4-2-23)、电路板等生活中常见的可回收废旧材料。运用这些材料进行创作，既有一定的艺术价值，又环保。它们是当今社会非常推崇的实验性材料。

▲ 图4-2-22 玻璃拼贴画《幻镜》 学生作业

▲ 图4-2-23 光盘拼贴画《鸟儿》 学生作业

4. 松散类材料

松散类材料包括毛线、花朵、树叶、粮食及蛋壳等，拼贴时要注意画面的构成感、律动感和色彩搭配。

毛线 毛线的颜色非常丰富，长短、粗细各不相同。毛线可以单独的线条或排线成面的形式进行任意拼排贴合，是具有柔细美感的素材(图4-2-24)。

花朵、果实、树叶、树枝、石头 花朵、果实、树叶、树枝、石头是大自然的艺术馈赠，它们的形状和颜色丰富多样，可以通过撕、剪、刻等手法来拼贴成有趣的造型和图案(图4-2-25)。树枝、石头可代替栅栏、柱子等，或利用其横截面打造抽象的点来构成画面，自然又环保(图4-2-26)。

▲ 图4-2-24 毛线拼贴画《再见星空》 学生作业

▲ 图4-2-25 用花朵、果实、树叶等拼贴的《时尚女郎》 白如冰

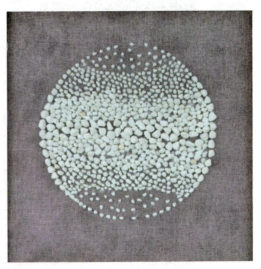

▲ 图4-2-26 石头拼贴画《星球》 学生作业

粮食 粮食包括米类、豆类、瓜子、玉米粒等,种类繁多,大小、形状和色彩各异,经过散点、以点成线、以点成面等规律的排列组合,可以拼贴出美丽的图案和肌理(图4-2-27)。

蛋壳 用蛋壳拼贴时,通常先将蛋壳涂色后压碎,再用镊子将各小块的碎片放在涂有白乳胶的卡纸或纸板上进行拼贴。当然,也可以在拼贴后涂上颜色,或保留蛋壳本身的颜色。由于碎片之间留有空隙,会给人一种嵌瓷画或彩绘玻璃的奇妙感觉(图4-2-28)。

羽毛 在画中用鸡、鸭、鹅等羽翼动物掉落的羽毛拼贴出动物身上的肌理,可使画面富有真实感。也可打破羽毛的固有属性,将其剪成一段一段的,当作点状材料重新组合画面或装饰画面(图4-2-29)。

▲ 图4-2-27 粮食拼贴画《夏日》 学生作业　　▲ 图4-2-28 蛋壳拼贴画《荷塘》 李婷玉　　▲ 图4-2-29 羽毛拼贴画《仙鹤》 牛依菲

羊毛毡 羊毛毡的形态和棉花类似,但比棉花的颜色更加丰富,实用性更强。羊毛毡纤维弹性佳,柔软与强韧特性共存,既触感舒服,又具有良好的还原性。因其纤维结构可紧密缠绕,所以不需要针织、缝制等,仅用针戳刺就可以成型。羊毛毡除了能用于制作立体拼贴元件,还可以制作出大面积美丽的渐变效果,给拼贴作品带来更多的艺术感和可能性(图4-2-30)。

▲ 图4-2-30 羊毛毡拼贴画《国粹》 葛艳　丁琳淑　王淑潇　左裕阁

纽扣 不仅可以用不同颜色、大小、图案的纽扣拼贴出物品上的花纹、肌理，也可以把它们当作点状材料拼贴具有设计感、构成感的造型或装饰画面（图4-2-31）。

5. 黏合材料

黏合材料种类很多，作为平面设计创作的辅助材料，只要能起到黏合作用，都可以使用。但不同的创作，对黏合要求有所不同，比如黏合强度、厚度、透明性、含水量等。通常情况下，白乳胶、双面胶、热熔胶是使用频率较高的黏合材料。白乳胶黏合强度高，耐久且不易老化，使用安全方便，价格便宜，适用范围广；双面胶使用方便，干净卫生，适用于小而轻的材料，比如纸张等；热熔胶是一种具有可塑性的黏合剂，使用时需要加热，黏合强度高，凝结速度快。另外，502胶、UHU胶也是艺术创作中常用的黏合用品。

▲ 图4-2-31　纽扣、扎染拼贴画　《蓝·染》　姚晶晶　杨欣如　刘梦汝　韩佳乐

第三节　平面设计的造型表现

平面设计中的造型表现是指运用专业性的艺术设计原则和方法，使用符号、图案、文字等元素，以"视觉表达"作为沟通和表现的方式来传达各种信息和表现主题思想。在幼儿园环境创设中，区角标牌、主题墙和宣传栏的设计需要丰富的造型表现，这些环境创设内容不仅要有装饰作用，还要有一定的审美情趣和实用功能，并且能有助于营造出舒适、和谐、美观的氛围。

一、美术字

美术字，是经过加工、美化、装饰以后的文字，是文字与图案的一种自然结合，能够更好地发挥文字的作用，使文字变得更加醒目、生动、美观、易读。

（一）美术字的特征与应用

美术字的设计有一定的审美原则。一是思想性，要求"文题相符"。美术字多种多样，但因内容不同，所要求的字体、形式以及色彩也不一样。有的需要严肃庄重（正式会议等），有的需要结实有力（运动会、动员大会等），有的需要活泼有趣（幼儿活动、文娱展示等）……

二是可读性。美术字的形式多种多样，但如果字体的变形夸张不恰当，使人无法识别，那就失去了美化的意义和文字的作用。所以，不能过分地变化字形结构，随意删减和改变字形笔画。

三是艺术性。美术字的设计要求"美观舒服"。美术字与其他艺术作品一样，要有艺术特色，整体美观协调，从而吸引读者和观众。

（二）美术字的字体种类

按照书写方式，美术字可以分为黑体字、宋体字、变体艺术字等。黑体字和宋体字都有固定的书写规范，教师在教学中让学生理解并会写宋体字和黑体字是很有必要的。不同于黑体字和宋体字有着固定的书写规范，变体艺术字要求按照字的字形、字义进行有创造性的改变，以起到一种意想不到的美化效果，从而更好地发挥文字的作用。

1. 宋体字

宋体字具有字形方正、横细直粗、撇如刀、点如瓜子、捺如扫等特点，风格典雅工整、严肃大方，同时也活泼秀丽。

2. 黑体字

黑体字因"字体较粗,方黑一块"而得名。黑体字的特点是横竖粗细一致,方头方尾,所以也被称为"方体字"。黑体字风格浑厚有力、朴素大方,主要适用于标题、标语等。黑体字结构严谨,笔画单纯,是非常适合初学美术字者练习的字体。

宋体字和黑体字的书写的基本步骤(图4-3-1)为:打格子;定骨架;勾字形;填色。

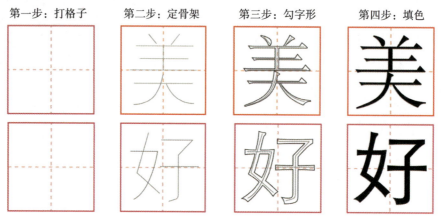

▲ 图4-3-1 宋体字和黑体字的书写步骤示意

3. 变体艺术字

虽然变体艺术字的种类繁多,有象形的、立体的,但是变化形式却有规律可寻,不外乎三种变化。

一是描边变化法,即根据字体和画面需要,对字体进行描边装饰。边既可以是线,也可以是花边。

二是填充变化法。在确定字体轮廓后,将一些与主题相关的元素填充在字体轮廓中,会更具动感,也可以烘托主题气氛。例如,将字的局部换成相关的几何图形。

三是背景装饰法,即将字体统一于一个主题背景中,该主题背景与字体结合可以独立形成一幅画面,画面内容应与文字表述的主题相对应(图4-3-2)。

▲ 图4-3-2 变体艺术字的背景装饰　学生作业

美术字是平面设计的一个重要组成要素,在平面设计中,美术字既可单独构成设计作品,也可作为要素出现。在以美术字为主要要素的设计作品中,既要突出文字的可读性,又要根据平面设计的原理对文字进行装饰处理,如"点、线、面""黑、白、灰"的关系等,使之符合形式美法则。

二、图案

图案是人类物质需求与精神追求共同发展的产物,是与实际生活结合非常密切的一种艺术形式。常见的图案有角隅纹样、四方连续、二方连续(图4-3-3)等。图案是设计的基础,掌握图案的形式美语言和构成法则,对进行美术设计有重要意义。

▲ 图4-3-3　二方连续图案在服饰中的应用

（一）图案的特征与应用

图案的基本特征，即实用性、适应性和装饰性，是图案设计实用、经济、美观三大原则的具体体现。

1. 实用性

与绘画、雕塑、摄影等视觉造型艺术不同，图案主要用于修饰人们生活中的实用物品，通过装饰生活用品、环境和角落，在满足人们日常物质生活需要的同时，给人以美的享受，不把观赏作为唯一目的。

2. 适应性

图案的适应性体现在两个方面：一是图案设计只有通过一定的材料、工艺加工成为物质产品，才能体现其价值与功能；二是要适应各种不同的使用目的、使用环境，考虑使用对象的审美习惯等因素。

3. 装饰性

图案的适应性特征决定了它具有一种独特的艺术性语言，即装饰性。具体表现为：物象造型的变形与夸张，色彩处理的主观性、归纳性，表现手法的平面化、单纯化，组织构成上的秩序感、条理性（图4-3-4）。同时，还要做到与加工工艺相适应的材质美、工艺美等。

▲ 图4-3-4　墙面装饰中的图案设计

（二）图案的造型

构成图案造型的要素是点、线、面。根据点、线、面以及色彩表达的视觉心理，运用对比与调和、对称与均衡、节奏与韵律、条理与重复、比例与适度等形式美的原则，结合材料、工艺、技术及功能等方面进行总体设计，是图案造型的基本方法。

在图案造型的设计过程中，要多运用夸张的变形手法以及拟人化或卡通化的表现手法，以使幼儿感到亲切自然，易于接受（图4-3-5）。

（三）图案的设计

图案的造型设计，不以如实模仿自然形象为目的，而是在自然形象的基础上，根据多样统一的形式美基本原理，运用省略、概括、夸张等一系列艺术手法，对自然物象进行装饰处理，使其在形象、色彩、构成等方面超越自然美，转化为更加典型、鲜明、突出的艺术形象。

▲ 图4-3-5 人物的图案造型设计 学生作业

▲ 图4-3-6 幼儿园主题墙中图案造型的夸张美化 学生作业

1. 夸张

夸张美化是图案设计的重要手段。夸张绝不是简单的"放大"，也不是夸大某一形象的全部，而是夸大形象的主要特征，着重强调其"神"态(图4-3-6)。

2. 简化

简化提炼是删繁就简的艺术手法，也是最基本的艺术变形方法。通过提炼处理，可使图案的造型更精练，精神更饱满，形象更加典型生动(图4-3-7)。

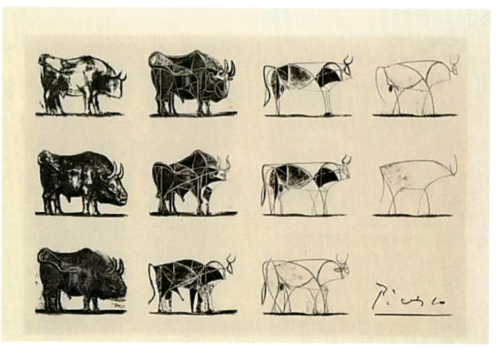
▲ 图4-3-7 图案的简化提炼 《牛》 [西班牙]毕加索

3. 概括

概括修饰是对简化提炼的形象做一定的修饰处理，比如在形、线方面进行一定的装饰，或在表现技法上做一些加工，使图案的形象更具有装饰意味(图4-3-8)。

▲ 图4-3-8　植物图案设计中的概括修饰　学生作业

三、招贴与贺卡

（一）招贴的设计制作

1. 招贴的概念与构成

招贴又名宣传画，是以宣传鼓动、制造社会舆论和气氛为目的的绘画。广义的招贴包括文化活动的海报和商品广告等。图形、文字与色彩是招贴的基本构成要素。招贴一般带有醒目的、有号召性的、有激情的文字标题，其特点是主题突出、风格明快、富有感召力（图4-3-9）。

▲ 图4-3-9　公益招贴　郭玲玲　吴雪影

▲ 图4-3-10　儿童剧《体育场的流浪猫王》（招贴）

（1）图形

图形是视觉传达艺术中最基本的造型语言。图形在招贴中是画面视觉的主体，直接传达信息、观念，并将人们的视线引到文字，使人们产生共鸣（图4-3-10）。

（2）文字

招贴中的文字是表达主题、抒发情感的信息符号，是信息传达的直接载体，具有非常重要的作用。这里的文字主要包括两方面内容：一是文案设计，包括主标题、副标题、正文、广告语、说明文字；二是字体的设计（图4-3-11）。

主标题、副标题、内容文字的排列要以有效传递信息为基本准则。主标题要醒目，副标题与主标题有明确的区分,内容文字不宜过多或过少,应简洁明了(图4-3-12)。主标题、副标题、内容文字字号至少以4∶2∶1排列,也就是说,主标题至少是副标题的两倍大,副标题至少是内文的两倍大。主标题、副标题用粗体,内文用相对较细的字体。设计时,可以用有趣或有设计感的文字,如POP文字,但字体不可过于复杂花哨,以免降低了可阅读性。横排文字符合人们的阅读习惯,宜较多采用(图4-3-13)。竖排文字则根据内容需要安排,多有复古的韵味。跳动性的文字排列方式虽然活泼,但是连贯性不强,不建议采用。如果觉得横排文字过于死板,可以采用弧形方式调整(图4-3-14)。

▲ 图4-3-11 招贴中的文字

▲ 图4-3-12 作品展 学生作业

▲ 图4-3-13 幼儿园宣传栏设计(1) 学生作业

▲ 图4-3-14 幼儿园宣传栏设计(2) 学生作业

(3)色彩

在幼儿园招贴中,相对于文字来说,色彩的作用更加突出。第一,色彩是一个很好的定位主题的因素。第二,具有一定情感渲染力的色彩搭配,可以起到情调烘托和意境表达的作用。第三,通过色彩进行适当的视觉引导,能达到准确传达信息的目的。例如,蓝色会让人感到平静、干净、整洁,容易使人联想到大海和水;红色让人感觉到热闹、喜庆或忠诚。所以在制作幼儿饮水宣传主题时,可以蓝色作为主色,使得视觉信息明确。同时,画面的图、文、色互相映衬,以达到信息上的统一协调(图4-3-15)。招贴中的色彩构成有三块:底色、主体色、辅助色。例如图4-3-16,底色为嫩黄色,主体色为深浅两个蓝色,点缀色(辅助色)以底色的邻近色橘黄和红色为主。

▲ 图4-3-15　幼儿园宣传栏设计　学生作业

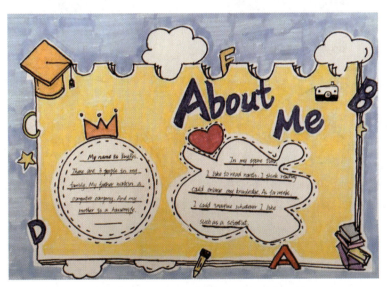

▲ 图4-3-16　幼儿园宣传栏设计　学生作业

2. 招贴的版式

招贴中要素的表达和排列是要有逻辑的，视觉流程要合理、通畅，排版要简洁、可视，以求信息传达得清楚有序，避免混淆不清，主次不明。下面介绍四种主要的招贴版式。

（1）骨骼型

骨骼型版式是一种规范、理性的版式分割方法。版式中各要素之间，要严格按照骨骼比例进行编排配置。例如，图片和文字按照一定的规律分割排版，能给人以严谨、和谐、理性的美。

在实际的幼儿园环境布置中，招贴往往是依附于幼儿园某个实体的建筑或栏目进行制作的。如果需要在某个已有的墙面或版面进行招贴版式的创作，首先应根据墙面的构造，将版面分割成若干需要的骨骼区域，然后再按照平面设计的版式设计法则对所要陈设和展示的内容进行布局与安排。

例如，对某一方形版面进行六宫格式分割，标题及主题占据两格，正文内容占据两格，配图及点缀元素占据两格，即以1∶1∶1的方式对所要安排的内容进行分配。标题因为所包含的信息内容较少，所以当它占据整个版面的三分之一时，会比较突出；正文因其图文信息量大，且又需要安排在三分之一的区域里时，就会被相对弱化；配图和点缀元素因为比较受到幼儿园小朋友的喜爱，所以占据三分之一的比重也是相对合适的。这样排版的好处是，在使所要表达的信息内容主次分明的同时，也能做到对宣传对象喜好及视觉习惯的兼顾，达到了美观和高效传递信息的目的。

需要注意的是,骨骼式排版中所有安排的信息内容都要紧密围绕骨骼网格线来安排,各要素不能距离骨骼网格线太远,否则容易给人松散不聚拢的感觉,造成骨骼布局不明确,甚至视觉失效的后果。

(2)满版型

满版型版面是以图像或文字重复排列充满整版,视觉效果直观而强烈。满版型招贴给人大方、舒展的感觉,是商品广告常用的形式(图4-3-17)。

(3)对称型

对称型是指利用版面中的轴心将版面元素进行上下、左右或其他方式的对称处理。对称有绝对对称和相对对称两种。一般多采用相对对称,以避免过于绝对、死板的效果(图4-3-18)。

▲ 图4-3-17 满版型招贴 怀晓迪

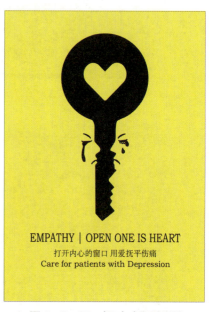
▲ 图4-3-18 相对对称型招贴

(4)分割型

分割型招贴的整个版面被分割为上下或左右两部分,分别配置文字和图片,两部分形成强弱对比,造成对抗的视觉心理。可以将分割线虚化,或用文字重复穿插,以使图文之间的关系变得自然和谐(图4-3-19)。

▲ 图4-3-19 分割型招贴 学生作业

（二）贺卡的设计制作

贺卡是人们在重大节日中互相赠送的具有纪念意义的精美卡片，也是人们在日常交往中，为联络感情而相互表示问候、道喜、道谢、怀念的信物，起到显示爱心、表达美好祝愿、增添节日气氛的作用。

贺卡主要由贺词和图案两部分构成。贺词应简洁明了，活泼有趣，寓意喜庆；图案可以是具象的植物、动物、人物、风景等，也可以是抽象的点、线、面与几何图形。贺卡的风格因人而异，应根据接受贺卡人的年龄、性别、习惯、爱好的不同，投其所好进行设计，或现代、简约、充满童趣，或传统精致、深沉含蓄等。

1. 贺卡的制作工具、材料与步骤

贺卡的制作工具与材料包括铅笔、美工刀、剪刀、皱纹纸、色卡纸、白乳胶、毛线、碎布等，制作步骤包括以下五步。

步骤1 构思。一是要确定赠送的对象，了解不同对象的心理和兴趣爱好，因人而异进行设计。二是要确定贺卡的表现形式、表现内容、意境情调、表现方法和制作材料。若为幼儿设计新年贺卡，要适应幼儿的年龄特征和审美情趣，造型要简练、夸张、生动、有趣，色彩要鲜艳、明快、和谐，气氛要活跃、欢快。

步骤2 起稿。即画出正式的设计图稿。图4-3-20采用平面卡通化的绘画风格。画面上方为艺术字体"2021"，点明主题；画面的下部为传统的祥云纹样。

步骤3 细节刻画。即依据初步设计图稿的比例、构图，对各部分进行详细刻画，然后用黑色勾线笔将形象轮廓明确勾勒出来(图4-3-21)。

▲ 图4-3-20 起稿

▲ 图4-3-21 细节刻画

步骤4 上色。新年贺卡的用色搭配相对比较明确，较常使用红色、黄色等喜庆隆重的颜色，同时增添绿色、蓝色等对比色，来调节画面的对比与调和。上色时要干净平整，制作要认真细致(图4-3-22)。

步骤5 整理修改。即修改不完善之处，调整画面的主次关系、均衡关系，使之完美、和谐、生动感人(图4-3-23)。

2. 常用的贺卡制作技法

手绘法：用绘画的工具材料进行绘制(图4-3-24)。

纸浮雕：运用纸浮雕的立体感、纹理感和丰富的色彩效果，制作贺卡(图4-3-25)。

粘贴法：利用不同颜色、质感、纹理的材料，如色卡纸、瓦楞纸、皱纹纸、毛线、碎花布等进行粘贴制作(图4-3-26)。

剪纸法：用剪、刻的方法镂刻纹样，或把剪纸作品粘贴到贺卡上(图4-3-27)。

美术——造型基础与表现

▲ 图4-3-22 上色

▲ 图4-3-23 整理修改

▲ 图4-3-24 手绘贺卡　学生作业

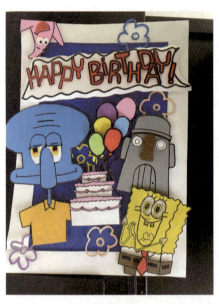

▲ 图4-3-25 纸浮雕贺卡　学生作业

▲ 图4-3-26 粘贴贺卡　学生作业

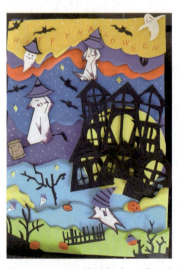

▲ 图4-3-27 剪纸贺卡　学生作业

立体贺卡是近年来较为流行的一种贺卡形式,具有层次丰富、形式新颖的特点,主要是通过富有创意的折纸手法、粘贴装饰等,呈现出立体新颖的效果。

第四节　平面设计在幼儿园中的应用

平面设计在幼儿园全方位的规划以及幼儿园整体形象、艺术氛围的提升中有重要作用。下面主要结合幼儿园环境创设、游戏材料制作、幼儿美术创作以及教育活动,展现平面设计在幼儿园中的应用。

一、平面设计在幼儿园环境创设中的应用

在幼儿园环境创设的过程中,墙壁装饰是十分重要的一项内容。从平面设计的角度来看,幼儿园的墙壁装饰(图4-4-1)有色彩、图形、版式三个核心要素。

▲ 图4-4-1　幼儿园宣传栏设计　郑州海文实验幼儿园

(一)色彩

色彩在版面设计领域,起到突出主题、统一画面的作用。色彩要与主题内容相符合,无论是选择冷色调还是暖色调,都应以同色系、邻近色为主,用互补色或对比色进行点缀。因为在环境色彩运用领域,能让人保持持久欣赏力的色彩搭配还是温柔、和谐、对比度在中等以下的色彩搭配(图4-4-2)。

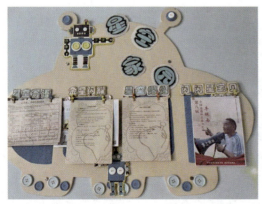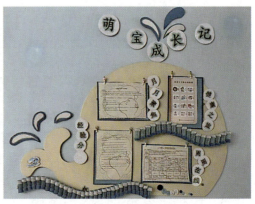

▲ 图4-4-2　幼儿园家园共育栏　郑州市郑东新区普惠路第一幼儿园

(二)图形

图形包括摄影图片、手绘图。宣传板的图形以手绘为主,能够很好地和手写字体及手工制作的装饰

融合在一起。如果有照片等写实图形,则要注意照片与手绘内容的结合度,可以用手绘边框或修剪照片边缘的形式,让照片与背景及文字更好地融合在一起。幼儿园常用自然元素或幼儿喜爱的卡通图形来进行创意设计,将具象元素提炼成某种适合纹样,如抽象的白云、星空、月亮、汽车、动物等。这些纹样可以用来点缀画面,以丰富画面的层次;也可以放大为边框图形,起到区域分割、内容界定的作用。

(三) 版式

在创设环境时,应该确保整洁、有序,增加艺术美感。版式的设计就是在有限版面内,运用造型要素和形式美法则,根据特定主题与内容的需要,将文字、图片(图形)及色彩等视觉传达信息要素,进行有组织、有目的的排列组合的设计行为与过程。以分栏法为例,将宣传栏根据主题内容需要分割成若干网格,使信息分类安排,整齐明了,秩序感强(图4-4-3)。

▲ 图4-4-3 幼儿园主题墙设计中的版式设计　学生作业

二、平面设计在幼儿园游戏材料中的应用

因地制宜、就地取材是我国自制玩教具等游戏材料的优良传统,如拨浪鼓、布老虎、鲁班锁、泥咕咕等,这些玩教具具有取材方便、操作性强、艺术特色鲜明的特点。同时,在当前幼儿教育改革深入发展和幼儿园办园条件已经有了较大改善的情况下,精心的设计可以让自制游戏材料发展空间更大,具体表现在以下三个方面。

(一) 深化游戏材料的内涵

幼儿园的游戏材料与教育活动密切相关,设计游戏材料时应根据教育主题明确教育意义,探寻更深层次的内涵,扩展教育的深度。这就需要在自制游戏材料设计的初期,制订切实可行的设计方案,才能够让后期的制作高效精准。例如,在音乐类游戏材料中,渗透对民间文化的挖掘,既能够让幼儿在愉快的节奏中感知音乐的魅力,同时也能让幼儿接受传统文化的熏陶(图4-4-4)。

▲ 图4-4-4 玩教具——手鼓　郑州幼儿师范高等专科学校20D美术方向生

（二）优化游戏材料的构造

教师应根据实际条件，对结构、比例、造型严格设定，通过选择合适的材料，巧用工具，优化工艺，制作出更高质量的游戏材料作品。同时，提高游戏材料的操作性与安全性，提高自制游戏材料作品的完整性，让游戏材料更实用。

（三）提升游戏材料的表现力

教师应注意对色彩的控制。结构与外观的美化，能够提升游戏材料的艺术效果，使其更具表现力，进而引发幼儿关注和喜爱。教师可根据材料特点变换制作方法，让游戏材料的表现具备更多可能，增加趣味性同时提升视觉美感。如剪贴、编织、印染、雕刻等手法的利用，不仅使游戏材料具有实用功能，而且具备审美功能(图4-4-5)。

▲ 图4-4-5　游戏材料"围裙故事剧场"　郑州幼儿师范高等专科学校20D美术方向生

三、平面设计在幼儿美术创作中的应用

在幼儿美育活动中，幼儿的艺术创作占有很大比重。把握幼儿艺术创作的特点，进行适度的引导是幼儿美育的关键。平面设计思维与幼儿艺术创作思维之间有着巧妙的相通性。

（一）绘画

1. 幼儿认知与设计思维的相通性

幼儿绘画与成人绘画有明显的不同。幼儿通常会选择最简单和直观的线条、几何形来表达自己所看到的东西，而且受到观察能力的限制，幼儿绘画经常会出现"残缺"的情况(图4-4-6)，其实这也正是幼儿在此阶段理解和观察世界的特点。这种抓重点、弱化细节的特征，与设计中的简化法和抽象法有异曲同工之妙。

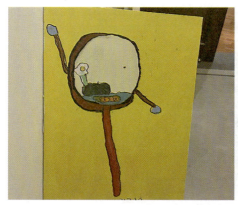 

▲ 图4-4-6　幼儿绘画作品　郑州海文实验幼儿园

2. 教师的设计思维对幼儿绘画的引导性

教师具备一定的平面设计思维可以更准确地理解幼儿作品,并在幼儿认知的基础上对绘画课程做出适合的设定与构思,避免出现过于程式化和成人化的引导。如身为母亲的意大利设计师 Wilma Traldi,突发奇想将孩子的绘画作品制作成了玩偶(图4-4-7),没想到女儿特别喜欢,甚至睡觉都要和玩偶在一起。

▲ 图4-4-7　Wilma Traldi 与其女儿的作品(图片来源:搜狐《成长视界》)

(二)手工

从造型层面来说,一切绘画和手工最基本的单位其实都来自点、线和面,平面设计中的点、线、面的运用方式和排列法则在手工应用领域具备很好的指导价值。例如综合材料里,在选择材料之初,让幼儿对材料进行点、线、面的分类概括,然后把这些材料根据形态特征转换为绘画语言进行创意编排,通过点、线、面之间的转化,表现出画面的基本结构和特征(图4-4-8)。

▲ 图4-4-8　绘画与手工制作　郑州海文实验幼儿园

从结构方面来说,在幼儿作品中增加立体的元素,更能激发幼儿的兴趣,促进幼儿认知的发展,提升幼儿的创造力。如广受幼儿喜爱的立体卡、立体书(图4-4-9、图4-4-10),其立体感能让幼儿在阅读

▲ 图4-4-9　立体贺卡(图片来源:堆糖)

▲ 图4-4-10 立体书《我的情绪小怪兽》 [西班牙]安娜·耶纳斯

时感受到一种层次感,幼儿在这样的环境中能寻找藏在立体事物中间的小细节,进而专注于探索和发现。立体卡、立体书具有很强的直观性,从而能使幼儿更好地阅读,更快捷地认识事物。

四、平面设计在幼儿园教育活动中的应用案例

"幼儿园母亲节家长开放日"活动方案

设计意图

五月是一个充满激情,充满感恩的月份,更是播洒爱的月份。在幼儿园国学特色的教育活动下,借助五月里特有的"母亲节"节日教育契机,通过手工制作让幼儿学会感激母亲对自己的养育之恩,激发幼儿对母亲的浓浓爱意,增进幼儿与家人的感情。

活动目标

1. 增进家长与幼儿园之间的联络和互动,加强家园合作,共同促进幼儿的全面发展。
2. 让家长亲身参与幼儿园教育活动,体验园内学习环境,提升对幼儿学习的了解。
3. 为家长们提供展示和分享的机会,让幼儿感受到家长的关爱和支持,培养其对家庭和母亲的尊重与感恩之情。

活动准备

1. 邀请家长提前预约开放日活动,以确保活动顺利进行。
2. 布置活动场地:在教室内设置展板、家长们的留言墙以及摆放幼儿的手工作品等。
3. 准备邀请函:幼儿与教师共同制作邀请函(图4-4-11)。

▲ 图4-4-11 邀请函 荥阳鹿鸣幼儿园

4. 开展"我对妈妈知多少"调查活动,设计并制作调查表(图4-4-12)。调查内容包括"妈妈最喜欢吃的水果""妈妈最喜欢的休闲活动""自己最爱吃妈妈做的哪道菜""妈妈最喜欢的颜色""妈妈的心愿"等。

5. 准备家长和幼儿共同参与的教育活动,如手工制作、游戏互动、音乐表演等。

6. 准备纸、颜料和绘画工具供家长和幼儿参与绘画活动。

7. 准备小礼品和母亲节贺卡,以表达对家长的感谢和祝福。

活动过程

1. 欢迎家长,介绍开放日活动流程和目标,鼓励家长们踊跃参与。

2. 安排家长参与幼儿的日常活动,如早操、亲子游戏"妈妈,放心跟我走"、绘画、手提袋制作等(图4-4-13)。在活动过程中,家长与幼儿互相交流,合作完成任务,体现"爱相随"。

3. 组织音乐表演或合唱,让幼儿展示他们在音乐课上所学的歌曲。可以邀请家长们一起参与,共同演唱一首母亲节主题歌曲。

4. 组织家长和幼儿一起制作母亲节贺卡或手工礼品,可以使用彩纸、贴纸、彩笔等材料和工具,让幼儿表达对母亲的爱和祝福。

5. 设置展示区,可以在展板上贴上幼儿的照片、学习成果和对母亲说的话,家长们也可以在留言墙上写下对幼儿的鼓励和祝福。

6. 活动结束时,向家长们送上小礼品和幼儿制作的母亲节贺卡,并致以感谢和祝福。

▲ 图4-4-12 调查表 荥阳鹿鸣幼儿园

▲ 图4-4-13 幼儿和家长一起制作的手提袋 荥阳鹿鸣幼儿园

后期整理

1. 整理"我对妈妈知多少"调查表。
2. 整理妈妈对于母亲节活动的感受。
3. 各班级活动照片整理(图 4-4-14)与新闻稿发布。

▲ 图 4-4-14　幼儿制作的母亲节礼物　荥阳鹿鸣幼儿园

总之,以科学的设计理念打造适合幼儿身心发展的优美环境,使环境成为第二教育维度,寓教于乐,对培养幼儿的创造性思维和高尚的艺术情操具有重要的意义,也是当下幼儿园设计的发展趋势。

单元小结

本单元主要讲授了平面设计的基本知识、工具与材料、造型表现及在幼儿园中的应用四个方面的内容,目的是通过本单元的讲授,让师范生了解平面设计的基本概念与特点,学习平面设计工具和材料的用法,掌握文字、图案等造型元素的设计方法与版式构成法则,并学会将这些专业知识和技巧应用到幼儿园环境创设的实践过程中。在提高环境创设能力和审美素养的同时,科学地运用色彩为幼儿营造良好的、促进身心发展的环境,合理高效地传递幼儿园的宣传和教育信息。

思考与练习

1. 收集幼儿园环境创设中主题墙的优秀设计案例,用形式美的法则对其进行分析。
2. 收集生活中的废旧材料,思考如何将这些材料设计组合出美丽的画面或立体作品,以及这些材料可以应用在幼儿园的哪些环境创设中。
3. 根据本节所学文字、图案、色彩和版式的知识,从"传统节日、爱国教育、节能环保、家园共育、行为养成、通知公告、作品展览、一周计划"八大主题中任选其一展开思考和讨论,提炼合适的元素进行幼儿园环境创设。
4. 根据藻井图案,在八开纸上设计一个二方连续或四方连续纹样,彩色表现,体现平面设计与图形、色彩、文化的关系。
5. 根据本单元所学招贴的设计制作方法,在中国传统二十四节气中任选一个主题进行构思与设计,创作一幅与幼儿园环境相适宜的主题海报,要求八开大小,彩色表现。

第五单元
古代造型艺术欣赏

学习目标

1. 理解艺术欣赏的发展历程与基本程序,提高审美能力以及应用于幼儿园艺术领域教育活动设计和实施的能力。
2. 认识中西方古代不同时期、不同流派的审美观点和表现风格。
3. 了解与体会中西方艺术品的价值、美感及差异。
4. 了解生活与文化对中西方艺术品及建筑园林的影响。
5. 理解与领悟艺术品的外在视觉形式和内涵意蕴之美及意义。

内容结构

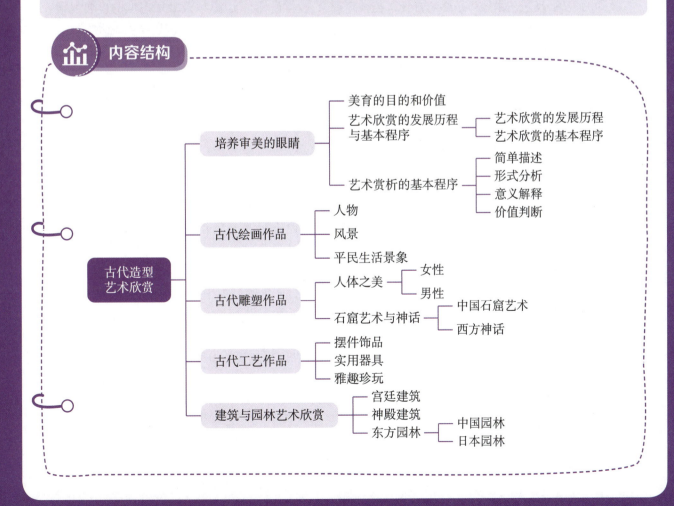

第一节 培养审美的眼睛

"美"不是事物的固有属性,而是具有审美意识的个体在"物我反复交流"的过程中所体验到的感受。审美的意识源自对美的洞察力、辨识力和欣赏能力,能带动人们看见、理解万事万物的外在形象之美、内在意蕴之美,并生成源源不断的美好情趣,进而汇集成个人所理解、体会与诠释的意蕴内涵,形成个人独特的美感经验。

审美教育即美育,以培养审美的眼睛、涵养美感为目的。下面分别论述美育的目的和价值,个体欣赏艺术的发展历程,以及艺术欣赏教学程序。

一、美育的目的和价值

审美教育,简称"美育",能培养个体拥有欣赏美、享受美、创造美、应用美的能力,使个体在探索与观察、表现与创作、回应与欣赏的历程中,积累审美经验、丰富审美情趣。因此,美育能扩展个体的直观性感受阈、陶冶情操,并能增强想象力、思考力,使人们在理性思维与感性体验的交汇运作中,精炼出感性的品位,涵养心灵,深化真、善、美的人生境界。简而言之,一双具有"视觉感性"、能"看见"美、欣赏美的眼睛,能艺术化生活、美化人生、活化生命。

此外,艺术品作为艺术家通过视觉形式与他人沟通、交流的媒介,表达着个人的思维、情感、认知、生活文化背景和价值信念等。美育能提升观赏者的视觉阅读能力和欣赏能力,在作品、艺术家、观赏者三者的互动过程中,观赏者能够体会艺术品视觉符号的外显形象和内在意蕴之美,感受艺术家传达的信息、情感和意念,形成彼此的视域融合,生成美感经验的共鸣[1]。

教师的美感经验、艺术经历是影响自身审美教育观念、教学设计与实施,以及教学态度的重要因素[2]。因此,有美学知识、能力与审美素养的教师,能设计合适的教学计划、创设审美环境,以培养幼儿"探索美、欣赏美、感受美、应用美和创造美"的能力,进而符合《纲要》艺术领域中以美育人的指导要点,并能落实《3—6岁儿童学习与发展指南》艺术领域的"感受与欣赏""表现与创造"两个维度的课程目标。

因此,教师必须了解个体欣赏艺术品的发展历程,进而依据此路径规划艺术赏析教学程序与过程,以提升审美教育的效果与水平。

二、艺术欣赏的发展历程与基本程序

(一)艺术欣赏的发展历程

"欣赏"一词是个体对艺术作品的鉴赏和分析。当人们欣赏、解释与判断艺术品的价值时,需整合知识、经验(艺术与审美经验、美感经验、生活与文化经验等)和评价能力。因此,欣赏艺术包含知觉、情感、认知和判断等心理和智能的协同运作[3]。

具体而言,欣赏艺术品是融合理性的认知判断和感性的情感品位的评价活动,能让个体在运用艺术创作、艺术史、美学、艺术鉴赏理论的逻辑性外显知识以及进行评价的过程中,获得个人心领神会的美感经验和审美情趣,拥有默会而得的内隐知识,此历程可分为4个阶段[4]。

直观式印象阶段:为观赏者欣赏艺术品时的初始印象,包含对视觉形象的知觉和感受。

知性与感性融合阶段:观赏者进一步以认知、想象力和情感,探析视觉形象,辨识、分析"部分与部分"

---

[1] 胡郁珮. 取径SECI模式实践美感教育之研究——以视觉艺术教学为例[J]. 高雄师大学报,2018(45):121—155.
[2] Smith R A. Problem For A Philosophy Of Art Education [J]. Studies In Art Education, 1992(33):253—266.
[3] Mittler G A. Learning To Look/Looking To Learn: A Proposed Approach To Art Appreciation At The Secondary School Level [J]. Art Education, 1980,33(3):17—21.
[4] 胡郁珮. 取径SECI模式实践以美感经验为导向之视觉艺术教学成效研究[D]. 台中:台中教育大学,2017:45—48.

"部分与整体"的关系,体会艺术品的形象之美和意趣。

审美评析与美感体验的交互作用阶段:观赏者运用外显知识和各项经验进行评析,领会、诠释艺术品内隐的情感和寓意,获得深层的审美感受。

审美能力和美感经验的整合与获得阶段:当观赏者经历前述3个阶段后,能生成源源不断的美感经验,在逐步深入欣赏的过程中,获得对"美"的深度理解和评析艺术品的审美能力。

以上4个阶段,由观赏者初始知觉到的具象形式层面,逐渐进展至探究、体会、评析抽象的内涵层面。

(二) 艺术欣赏的基本程序

艺术欣赏旨在使观赏者认识和评析艺术品的造型要素、构成方式(如"对称、比例、均衡"等)、媒材、技法表现和风格等外在形象之美,以及理解和体会作品的意蕴、象征、社会文化等内隐之美。因此,欣赏目标为培养师范生习得四个层面的知识与能力:敏锐的视觉感受力;丰富的情感与想象力;视觉艺术鉴赏知识以及表达术语;对作品思考与判断的能力[①]。

依据上述发展历程和欣赏目标,艺术欣赏的基本程序可分为下列4个步骤[②][③]:

步骤1 简单描述。粗浅描述感官感受到的主题与内容,造型要素(线条、色彩、形状、肌理),气氛与感觉。

步骤2 形式分析。观看、探讨媒材与技法的特性,造型的构成方式和表现风格,进一步分析"部分与部分""部分与整体"的配置关系,以及个别对象的表现特色。

步骤3 意义解释。探讨层面由文化背景进展至艺术家个性和作品的特定意义,即从社会、文化、政治、经济与作品的关系开始探究,进展至艺术家的个性、思维、艺术观、信念和价值体系等如何投射于作品中,接着深入探析作品的意蕴、视觉形象或图像寓意,理解与诠释作品的内在意义。

步骤4 价值判断。综合上述3个阶段获得的知识与概念、体会的情境与美感,参照专家、同行、群体、社会文化的多元观点,对作品价值进行理性的判断,并能述说理由,表达个人看法。

同理,幼儿园艺术欣赏也一样,而且要根据幼儿认知和审美特点,宜采用启发式、开放式的问题引发幼儿探究的兴趣,增进幼儿独立思考的能力,并接纳幼儿个人独特的感受和思维,鼓励群体相互交流、讨论,使幼儿能在多元观点的影响下,拓展观看、感受、解释与评析的视野,获得对美的真正理解,内化审美能力和独有的美感经验。

第二节 古代绘画作品

自远古艺术至今日的当代艺术,人类通过各种美的形式展现优美、雄伟、悲壮、崇高、幽默、简约、富丽等艺术风格,传递社会文化、生活景象、思维、情感等信息。原始人以线条简约的洞窟画记录当时的生活景象,当代艺术家运用多元化媒材和技法表达丰富意蕴。各个年代的艺术家不论以何种形式创作,绘画的功能和目的可分为以下九种:①表达信仰与宗教,②传达政治与个人观点,③表现内在思维和情感,④记录生活情景和文化,⑤表达生活感受和对生命的探讨,⑥赞颂大自然,⑦表彰社会地位,⑧美化生活,⑨提升观赏者的视知觉敏锐度与审美素养[④]。这里,依绘画的主题将其分为人物、风景、平民生活三大类,来探讨艺术品的价值和美感。

---

① 王秀雄. 观赏、认知、解释与评价——美术鉴赏教育的原理与实务[M]. 台北:历史博物馆,1998:93—94.
② Greer W D. A Structure Of Discipline Concepts For DBAE [J]. Studies In Art Education, 1987,28(4):227-233.
③ Mittler G A. Learning To Look/Looking To Learn: A Proposed Approach To Art Appreciation At The Secondary School Level [J]. Art Education, 1980,33(3):17-21.
④ 王秀雄. 美术与教育[M]. 台北:台北市立美术馆,1990:130—139.

一、人物

长久以来人物是艺术表现的主要题材之一，并随着历史更迭而演变出多样的风格。

擅长人物画的中国南宋画家梁楷，人称"梁疯子"，个性豪迈、不拘礼法，视名利如浮云。北宋与南宋的院画（中国古代皇室宫廷画）崇尚"形似"的细腻工整的写实画风，但是宫廷画师梁楷以简约粗放、纵笔挥洒的"减笔"风格反对当时的画风，《泼墨仙人》（图5-2-1）为其代表作，是现存最早的泼墨写意人物画。

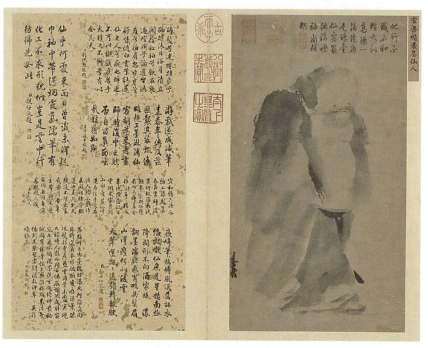

▲ 图5-2-1 《泼墨仙人》（《名画琳琅》册第二幅） 〔宋〕梁楷①

▲ 图5-2-2 《自画像》［意］
拉斐尔

梁楷以大笔侧锋、飞扬豪放的笔势、浓淡渲染的墨色，急速、简约地描绘出袒胸露怀、憨态眯笑、酒醉独行的《泼墨仙人》。画作上方题有诗句："地行不识名和姓，大似高阳一酒徒。应是琼台仙宴罢，淋漓襟袖尚模糊。"通过画作风格和诗文描述，能知道梁楷以传神而不求工整、形似的人物和简练的笔墨，传达出欲挣脱礼仪束缚和院画藩篱、追求自由的心境，以及潇洒笑看世间的生命态度。

梁楷以笔简形具、酣畅弄墨的"减笔"和"戏墨"的"逸格"画风，一气呵成地使《泼墨仙人》"得之自然"（"拙规矩于方圆，鄙精研于彩绘。笔简形具，得之自然。"②为"逸格"之意）。单纯简约的画风寓意着画家的心境、艺术观和人生观，形神气韵兼具的人物表现为写意之妙。《泼墨仙人》的简约造型和无背景的图像，不仅在审美意蕴上独树一帜，更为观赏者创造了思想和心灵能随兴悠游的解读空间。此画的精妙如北宋思想家沈括所言："书画之妙，当以神会，难可以形器求也。"③

《自画像》（图5-2-2）是意大利艺术家拉斐尔青年时期的作品。拉斐尔有"画家王子"的美誉，和米开朗基罗、达·芬奇并称文艺复兴三杰。他吸取两位的长处并改进他们的创作技巧，《自画像》为其模仿达·芬奇

---

① 梁楷. 泼墨仙人[EB/OL]. https://theme.npm.edu.tw/opendata/DigitImageSets.aspx? sNo=04031729.
② 黄休复. 益州名画录目录. 维基文库[EB/OL]. https://zh.wikisource.org/wiki/%E7%9B%8A%E5%B7%9E%E5%90%8D%E7%95%AB%E9%8C%84/%E7%9B%8A%E5%B7%9E%E5%90%8D%E7%95%AB%E9%8C%B2%E7%9B%AE%E9%8C%B2.
③ 沈括. 梦溪笔谈（四库全书本），卷17. 维基文库[EB/OL]. https://zh.wikisource.org/zh-hans/%E5%A4%A2%E6%BA%AA%E7%AD%86%E8%AB%87_(%E5%9B%9B%E5%BA%AB%E5%85%A8%E6%9B%B8%E6%9C%AC)/%E5%8D%B717.

的晕涂法创作的作品(《蒙娜丽莎》为达·芬奇晕涂法的代表作)①。

文艺复兴三杰遵循写实手法的艺术观点,如同古希腊哲学家的"模仿论",强调真实性的造型技巧,认为艺术品是记录历史与传播知识的载体(古希腊雕塑请参阅图5-3-5)。对拉斐尔而言,美即计算和技巧、理性与经验的集合体②。

《自画像》中的拉斐尔头戴黑色软帽,侧身回眸注视着观画者,仿佛欲言又止。黑色与棕色调的色彩交织出宁静、平和的氛围,模糊、柔和的晕涂法,塑造出温和肃穆的人物形象。

《泼墨仙人》和拉斐尔的《自画像》皆以黑色为主色调,但两者运用不同的媒材、技法而创造出截然不同的氛围,前者潇洒豪放,后者宁静温雅,但都显露出画中人物各自的性情。此外,前者为重传神的写意画,后者为重形似的写实画,不仅反映了当时的审美观和艺术家的艺术观,也呈现出艺术家对描绘对象的诠释手法。中西方不同的绘画材料与风格,各自展现出独特的意趣,为观赏者带来多样化的审美趣味。

二、风景

风景画是指以自然景象为主要描绘对象的绘画作品。对中国画来说,就是山水画。山水画以"散点透视"画法描绘景物,西方则以焦点透视描绘。山水画以墨色皴法画山石树林,以淡墨勾线或留白描绘瀑布流水,因而有"黑山白水"之特色;此外,以"留白"的方式表现辽阔的空间、缥缈的云雾,让画面具有虚实相衬、引人深入画境探究的品画意趣。18世纪之前的西方风景画注重写实技巧,19世纪之后才开始走向融入艺术家个人思维和情感的表现风格。但是中国山水画在发展初期,即强调以写意的手法表现人文风雅和意境之美③。

明代书画家董其昌在其书画美学专论《容台别集·画旨》(亦见于《画禅室随笔》)中,将唐、宋、元代的书画作品,依风格分为北宗和南宗。北宗画为院体画,画风雄浑刚健、气势豪纵,主以勾线填色、斧劈法创作;南宗画为文人画,注重"遗貌取神"、闲适恬淡、穆和雅净的意境,主以细雅披麻皴法、渲染墨法创作④⑤。

《雪景山水》(图5-2-3)为明代山水画大师沈周的写意作品。沈周与文徵明、唐寅、仇英并称"明四家"。沈周隐居不仕,悠游林泉,寄情丹青,具有文人画家"聊以写胸中逸气耳"的情怀,作品主题多含有隐逸性质。

细观以散点透视表现的《雪景山水》,画中皑皑白雪覆盖大地,右侧小桥上有一头戴斗笠、手持木杖,踽踽独行的旅人;随着此人往前进,穿过小山丘壑与扶疏林木,能见傍于蓊郁林间的两屋舍。全幅画作由前景的小土丘、平台与高大林木,中景的旅人、丘壑、成排树林和屋舍,以及远景的层层远山,构成横向延展的"平远"空间。沈周将北宋的壮丽清润与南宋的苍茫浑厚特点融为一体,以遒劲的笔法,表现林木的挺拔之姿和丘壑的坚实之势;以简约的皴法、简淡清润的墨色与"平远"构图,营造出冷逸清寂和远阔平和的意境。

《米德尔哈尼斯大道》(图5-2-4)是荷兰现实主义风景画家霍贝玛的成名作。霍贝玛主张以理性科学的技巧描绘事物的真实样貌,善用精确的造型语言呈现逼真的画面。细观《米德尔哈尼斯大道》,画面中央笔直延伸至远处的泥泞道路上,印着深浅交错的车辙,道路两旁矗立着参差错落的树木;道路的远处,有着三三两两的人群,以及一位肩扛长枪、牵着一只狗的村民缓步朝向观画者前进;右边的岔道上,一位农妇与一位村民站在高顶房舍旁寒暄;右侧近景的种植园里有一人在修剪枝条;左侧远处有耸立于成群房舍间的高塔。这些细致的景象,如实地展现田园风光与农村生活。

《米德尔哈尼斯大道》最为人称道之处在于焦点透视构图。画面中央的道路与两侧成排的林木,由近而远地逐渐消失于一点,创造出极目远望的"深远"空间。道路两侧成排的林木与地平线,勾勒出对称平衡的视觉效果;压低的地平线与辽阔的天空,给人心旷神怡的感受。

---

① ② National geographic. The Renaissance 'Prince of Painters' made a big impact in his short life [EB/OL]. https://www.nationalgeographic.com/history/history-magazine/article/renaissance-price-painter-raphael-made-big-impact-short-life.
③ 何政广. 艺术欣赏阶梯[M]. 台北:艺术家出版社,2000:105.
④ 梁少膺. 董其昌"南北宗说"论——兼及南北山水画派的表现方式与笔墨趣味之差异[J]. 美术界,2015(11):82—83.
⑤ 廖启恒. 浅论明代董其昌的文人画思想[J]. 书画艺术学刊,2018(25):163—174.

▲ 图5-2-3 《雪景山水》① 〔明〕沈周　　▲ 图5-2-4 《米德尔哈尼斯大道》② 〔荷兰〕梅德尔特·霍贝玛

　　沈周的《雪景山水》和霍贝玛的《米德尔哈尼斯大道》，一主观写意，一客观写实。前者以中国山水画的散点透视构图以及"平远"空间，营造可游可居的意趣，以情景交融的手法、隐逸清寂的风格，表现物我两忘、天人合一的意境；后者以焦点透视构图创造极目远眺的"深远"空间，以科学的观察法和精确的造型，描绘出真实的景致。中西方艺术家运用不同的构成形式，呈现大自然生生不息的样貌；以相异的艺术观诠释与描绘景物，创造经典艺术永垂不朽的价值。

三、平民生活景象

欣赏视频
《清明上河图》
与《拾穗者》

　　中国宋代（公元960—1279年）风俗画、19世纪欧洲写实主义巴比松画派作品、兴盛于18—19世纪的日本浮世绘版画，皆为运用写实手法描写平民生活的艺术品。下面主要欣赏《清明上河图》和《拾穗者》两幅作品。

　　北宋张择端的《清明上河图》为风俗画的传世巨作。此作品为绢本画卷，长约500厘米，描绘北宋首都汴京汴河两岸的繁荣街景市集（图5-2-5，局部1）和大自然农村风光（图5-2-6，局部2）。张择端以细腻写实的手法描绘，画中众人摩肩接踵地或交易，或行船，或游街，或话家常……仿佛穿越时空来到观画者的眼前；熙熙攘攘、人声鼎沸的景象，诉说着当时繁华生活、太平鼎盛的样貌。此画的主题和内容成为历代画家的灵感来源，从不同视角、风俗景象和脉络，或仿效创作，或复制了许多不

▲ 图5-2-5 《清明上河图》（局部1） 〔北宋〕张择端

---

① 沈周. 雪景山水[EB/OL]. https://theme.npm.edu.tw/opendata/digitimagesets.aspx? Sno=04024319.
② Wikipedia. Meindert Hobbema 001[EB/OL]. https://upload.wikimedia.org/wikipedia/commons/6/62/meindert_hobbema_001.jpg.

▲ 图5-2-6 《清明上河图》（局部2）〔北宋〕张择端

同版本，有的为博物馆藏，有的为私人收藏，据学者推测约百卷以上。

《清明上河图》的写实风格、罕见的风俗画题材和传奇性的流传过程，不仅吸引了收藏家和鉴赏家的目光，亦成为艺术史学者考证研究的焦点。对于画名"清明"两字，有些学者依据画中的植物和景象，认为应指"清明节"；有些从政治、生活形态解析，认为寓意"正值清明盛世"；还有一种说法，认为指外城东郊区的"清明坊"。此外，画名"上河"两字，是否为汴河，亦众说纷纭。由上述种种，可见此画的影响力和艺术价值[1]。

《清明上河图》采用散点透视构图，让繁杂景象均能一一展现、纳入画面。画中人物衣着与神情互异、栩栩如生，各种活动情景交互穿插、历历在目，各个景物配置疏密有致、富有节奏感，整体氛围有市集的熙攘鼎沸，亦有农村的清幽宜人。此画的描绘手法再现真实情景，内容细腻丰富，成为脍炙人口的经典巨作。

《拾穗者》（图5-2-7）为法国巴比松派画家米勒最著名的作品之一。巴比松画派是1830—1840年兴起于法国乡村的风景画派，代表人物为米勒、柯罗、卢梭、雅克等，因画家们大多居住于巴黎南郊的巴比松村，而有此称号。此画派转变浪漫主义的夸大描绘风格，以及古典主义视风景为历史题材、描写贵族、神话的内容，改以写实细腻的科学化方式呈现农村生活和乡村景象；主张户外写生，强调光和色的瞬息印象，运用宁静和谐、恬静悠闲的情境氛围，礼赞大自然之美，从中寻求性灵的慰藉。以上风格特色，为法国风景画奠定了写实主义基础，并成为印象派先驱[2]。

▲ 图5-2-7 《拾穗者》〔法〕米勒

《拾穗者》描绘的是农忙景象，一望无垠的稻田中，三位农妇弯腰捡拾地面的稻穗，呈现贫困农民拾穗求温饱的景象；远处一群勤奋收整稻秆的农民和高踞马背上的监督者，说明当时的社会阶级差异和丰收的情景。整幅画作内容表现了劳动者勤苦惜物和资本家丰满收获的对比。米勒运用如雕刻家塑造人物纪念碑的造型方法，精准写实地描绘了三位农妇拾穗的肢体动作，以及运用拉高的地平线与淡雅和谐的冷色调，凸显了朴实勤恳的农民，营造出如史诗英雄般的崇高意象。

《清明上河图》和《拾穗者》都以写实性手法描绘了当时的平民生活景象和文化。各自的特色在于《清明上河图》采用卷轴画形式和多视点构图法，引领观赏者展卷观画时，能够从清晨到午后，从郊外到运河再到街市，与画家共游繁盛时期的北宋都城汴京；《拾穗者》则以人物角色对比、构图和色彩，凸显、营造农民的高

---

[1] 蓝玉琦.三件故宫院藏，引领全世界百件清明上河图：故宫南院"清明上河图特展"报导[N/OL]. https://artouch.com/exhibition/content-12267.html#top.
[2] 张心龙.从名画了解艺术史[M].台北：雄狮美术，1993：86—88.

尚意象。北宋张择端写实客观地记录历史生活；米勒则在客观景象中融入主观诠释，在写实中隐含喻意。

第三节　古代雕塑作品

中国雕塑艺术具有独特的中国文化造型美以及丰富的内涵和功能。例如，龙门石窟和敦煌石窟为宗教文化、人文精神的表征，秦始皇兵马俑为政治功勋的象征和社会生活的记录。

西方雕塑以欧洲为发展中心，如同中国雕塑，随着朝代更迭而有造型、风格的演变，可分为以下4个辉煌时期：古希腊罗马时期、文艺复兴时期、19世纪法国雕塑和20世纪西方雕塑。

中西方雕塑艺术的功能和含义相去不远，但因文化和审美观不同，在造型上有明显的差异。下面分别从人体之美、宗教与神话两个方面，欣赏艺术造型和文化内涵。

一、人体之美

（一）女性

下面以3件不同时期的女性题材雕塑品为例来作分析。

《维伦多尔夫的维纳斯》（图5-3-1）出土自旧石器时代遗址，为小型（高11.1厘米）的石灰石雕塑品。雕塑中人物丰满的胸部、肥满的腹部和短小的身材，象征具有旺盛生育能力的"女神"。后人依据雕像的腿部造型，推测其用于手持、祈求多产生育[①]。此艺术品的造型朴拙简洁，强调生育器官而非面部五官，呈现当时对女性价值和女性美的定义。

▲ 图5-3-1　《维伦多尔夫的维纳斯》

《米洛斯的维纳斯》（图5-3-2）亦称断臂维纳斯，是著名的古希腊雕像，1820年被发现于希腊米洛斯岛，次年被当作礼物赠予法国国王路易十八，之后被送给卢浮宫。后来，该雕像声名远播。雕刻家将大理石雕塑成希腊神话中象征爱与美的女神"阿佛洛狄忒"（在罗马神话中相对应的是维纳斯），整座雕像高约202厘米，略大于真实人体；由两块大理石巧妙雕塑、拼接成裸露的身躯和裹巾的下半身，双手及双脚分别单独雕刻后砌入。雕像为何失去双臂已难以考证，但是女神身上留有固定金属臂镯、耳环、束发带等的洞孔，证实雕像原本佩戴首饰。这座雕像以肚脐为分界点，将人体以1∶1.618的黄金比例分为上下两个部分，成为女性人体美之典范[②][③]。

▲ 图5-3-2　《米洛斯的维纳斯》
［古希腊］阿历山德罗斯

---

① Christopher L. C. E. Witcombe. Venus of Willendorf [EB/OL]. http://arthistoryresources.net/willendorf/.
② Davidson G. Disarmed: The Story of the Venus de Milo [M]. New York: Vintage Books, 2004: 122-164.
③ Louvre. Ideal Greek Beauty [EB/OL]. https://www.louvre.fr/en/explore/the-palace/ideal-greek-beauty.

雕像科学化地塑造了女性的身形之美。此外,女神匀称的脸部轮廓与柔和的表情,呈现的 S 形的体态、玲珑的身材曲线、刻意拉长的上半身、滑落于胯部的衣裙,以及与褶皱衣裙肌理对比的光滑肌肤等,皆流露出女性的优美形象与魅力。这些特点说明古希腊时期将科学作为审美和创作的核心的观点。

唐代的陶塑作品《陶彩绘女舞俑》(图 5-3-3)高 21 厘米,头扎双髻,身着翻领半袖衫和束腰长裙;微微倾头,双臂一上扬,一下垂,双腿一侧伸,一曲膝;腰肢轻扭,头手微摆,随乐起舞。从其服饰装扮和舞姿以及雕塑技法和风格推论,其舞种属于传统汉族舞中的"软舞",出土地点应在洛阳邙山一带;与舞俑相伴出土的还有持琵琶、排箫、笙的立俑 3 件,持钹、腰鼓的坐俑 2 件①。作品呈现了唐代舞者的装扮和灵巧活泼的舞姿。两位舞者相呼应的姿态和沉醉的神情,让观赏者仿佛能听见乐曲铮钹,欲随着舞者一同曼妙起舞。此外,唐代以舞者、乐俑为题材的艺术品,说明了当时舞蹈是与音乐相映衬的;当时人们喜爱从中亚、西亚和中国西北地区传入的乐舞,视其为时尚活动,节日庆典和富贵人家出游时必有乐舞表演助兴相娱。

▲ 图 5-3-3 《陶彩绘女舞俑》〔唐〕

以上 3 件艺术品以不同的造型表现和人体比例,呈现了女性的样貌、身形、体态和装扮,有的朴拙稚趣,有的典雅高尚,有的曼妙可人。各时期不同的审美观、生活文化形态,塑造了多样的造型美。

(二)男性

男性雕塑侧重的特色与女性雕塑截然不同。下面先就《铠甲将军俑》(图 5-3-4)和《古希腊青年雕像》两件艺术品来作深入分析。

《铠甲将军俑》出土于秦始皇的帝陵。将军俑分为战袍和铠甲两类,通高 196 厘米,在秦俑中数量极少。此俑头戴鹖冠,身穿双层长襦,外披鱼鳞甲,长裤着两节护腿,足蹬齐头方口翘尖履,前胸、后背及双肩饰有 8 朵彩色花结,气宇非凡、神态庄重②。

▲ 图 5-3-4 《铠甲将军俑》〔秦〕

▲ 图 5-3-5 《掷铁饼者》〔古希腊〕米隆

《古希腊青年雕像》高 195 厘米,为纪念战死青年克洛伊所(Kroisos)而塑造,立于其墓旁。雕像面朝前,带有微笑,双臂垂放握拳,双脚微开;五官、发纹、肌肉刻画细腻写实,肢体比例精确,显露古希腊追求科学理性的美学思想。

上述两座雕像皆展现了男性威勇、体健的特质,中国追求写实中保有传神的仪态,古希腊则注重人体结构和比例的精准表现。

至公元前 5 世纪时,古希腊与古罗马的雕像的容貌与动作开始有了转变,由静态、从容优雅转变为飞扬跃动、富有情感的神态。雕刻家喜爱以运动员为题材,将人体解剖学充分运用于雕塑中,更加强调力与美,并注重展现个人特性③,如《掷铁饼者》(图 5-3-5)。

---

① 冯贺军. 陶彩绘女舞俑[EB/OL]. https://www.dpm.org.cn/collection/sculpture/234449.html.
② 许雅惠. 透视秦俑[EB/OL]. https://kamatiam.org/%E9%80%8F%E8%A6%96%E7%A7%A6%E4%BF%91/.
③ 张心龙. 从名画了解艺术史[M]. 台北:雄狮美术,1993:16.

14—16世纪的文艺复兴时期为西方科学的再生期、探索与扩展期，艺术家们主张复兴古希腊、古罗马的古典主义，在追求完美精准的古典主义风格中融入更多艺术家自身的情感、思维和审美观。意大利著名艺术家米开朗基罗的《大卫》即为此期兴盛阶段的代表作[①]。

《大卫》高420.7厘米，雕刻的是《圣经》故事中将巨人歌利亚杀死的英雄大卫。其双眼怒目、眉头紧蹙，直视前方，展现决战的坚毅神态；肌肉结实、比例完美，体态健勇而优美。《大卫》的整体造型呈现出内敛沉稳、高尚典雅的人物气质。

二、石窟艺术与神话

中西方艺术家的创作灵感和选用的题材，除了来自生活风俗、大自然风景之外，宗教和神话故事皆是很好的创作媒介和表现内容。艺术家运用创作巧思和个人诠释，将简牍典籍和遗闻轶事以艺术的视觉语言具体呈现给世人，让宗教与神话能流传于世。

（一）中国石窟艺术

欣赏视频

中国石窟

名列世界文化遗产的中国四大石窟——龙门石窟、莫高窟、云冈石窟、麦积山石窟，均是佛教文化的石刻艺术宝库。

石窟中最具规模和最为优秀的造型艺术为龙门石窟，开凿自北魏孝文帝（公元493年）至唐代（公元907年），历经400余年大规模营造雕塑，南北长达1公里，窟龛存有2 345个、雕像10万余尊。最大的佛像高达1 714厘米，最小仅2厘米。所有洞窟中，北魏洞窟约占30%，唐代占60%，其他朝代仅占10%左右。其中，以宾阳中洞、奉先寺和古阳洞最具代表性[②]。

宾阳中洞是北魏佛教造型艺术的代表作品，雕造于北魏景明元年至正光四年之间，系北魏宣武帝为其父母孝文帝与文昭皇后做功德所建造的宾阳三洞之一。此洞窟为开凿时间最长的洞窟，历经24年建成。

宾阳中洞为三世佛窟，正壁的主像释迦佛（图5-3-6）高842厘米，结跏趺坐，身穿"褒衣博带式"长衣，而非云冈石窟佛像的西域式袒肩袈裟；形貌清秀、温和可亲，脖颈和体态修长；雕刻家运用平刀直法雕塑密集衣纹，整体造型呈现北魏典型的"秀骨清象"风格。其汉化的服装、亲和的笑容与汉族的五官，显示北魏孝文帝汉化政策有成。

宾阳中洞洞口两壁的浮雕《帝后礼佛图》位于南北两侧，北侧刻画北魏孝文帝（图5-3-7）、南侧雕刻文昭皇后（图5-3-8）礼佛的隆重盛大场景。

▲ 图5-3-6　宾阳中洞正壁主像释迦佛　龙门石窟第140窟〔北魏〕

两侧浮雕分别将孝文帝和文昭皇后置于中央，左右官员前簇后拥。孝文帝头戴冕旒，身穿衮服，诸王、官吏和手持华盖、羽葆、香炉的宫女，以及持长剑的御林军随侍在旁，共同缓缓行进。文昭皇后身着莲冠霞帔，和戴莲冠的妃嫔、持莲花与香炉的众宫女迎风徐行。全幅气势宏大、雕工精美，呈现出肃穆庄严的气氛。

细观作品，人物排列成行、密集交错、相互顾盼，和谐而不纷杂、浑然一体，呈现了统一中有变化、动中有静的美感。此外，当时艺术家常以形体大小、位置高低代表人物的阶级差异，但是此件作品的雕刻家，在高度与形体大小相近的群像中，以人物的尊贵仪态和居中的位置，凸显帝后的高贵位阶。严谨的构图、细腻的线条、虔诚而丰富多变的人物神情与姿态，生动地刻画出当时宗教仪典的盛况。此幅具有历史和艺术价值的浮雕作品被盗卖后，分别由美国纽约市大都会博物馆、美国密苏里州纳尔逊艺术博物馆收藏。

---

① ItalianRenaissance.org. Michelangelo's David [EB/OL]. http://www.italianrenaissance.org/michelangelos-david/.
② 国家文物局. 世界文化遗产——龙门石窟[EB/OL]. https://www.gov.cn/test/2006-03/29/content_239189.htm.

▲ 图5-3-7 《帝后礼佛图》（北侧局部） 龙门石窟第140窟宾阳中洞前壁第三层北侧 〔北魏〕

▲ 图5-3-8 《帝后礼佛图》（南侧局部） 龙门石窟第140窟宾阳中洞前壁第三层南侧 〔北魏〕

龙门石窟中规模最大、最具有代表性、气势最宏伟，并且是全中国唯一劈崖建造、沿崖造像的露天龛雕为奉先寺的《大卢舍那像龛群雕》（图5-3-9），为武则天驭治后宫时期和唐高宗共同创建的政教事迹，完工于唐代上元二年（公元675年）[1]。

《大卢舍那像龛群雕》正壁主尊为高1714厘米的卢舍那佛，其两侧分别雕造弟子、菩萨、天王、力士和仕女。硕大的群像有主从阶级、文武属性、动静姿态、形体大小的对比，凸显了卢舍那佛的至尊地位。居中的卢舍那佛面容饱满秀丽、形体丰腴、双肩宽厚，含笑凝眸俯视朝拜者，形象庄严且睿智慈祥；雕刻家运用圆刀法，雕饰出自然而流畅的衣纹。这些造型特色，呈现了唐代崇尚雍容丰腴容貌、祥和尊贵神情的审美观。综观群像，刻画传神、宏伟壮丽、气势磅礴，淋漓尽致地传达了《华严经》追求圆满、富丽庄严的佛国境界，并展现了盛唐雕塑艺术的精湛，映照了大唐的繁荣鼎盛。

▲ 图5-3-9 《大卢舍那像龛群雕》 龙门石窟奉先寺 〔唐〕

---

[1] 台湾法鼓文理学院. 奉先寺[EB/OL]. https://www.dila.edu.tw/node/3725.

汇集石窟艺术精华的龙门石窟，造像（造型）精湛、题材丰富，以富有宗教文化含义、朝代审美特色以及具有创作规律和法则的雕塑艺术语言，展现宗教中国化、世俗化、艺术化的特点，反映了中国5—10世纪皇室崇信佛教的兴衰历程，以及政治、经济的演变。既是雕塑艺术的极致表现，也是宗教、历史、文化的重要遗产。

（二）西方神话

西方古希腊、古罗马时期结束后，自中世纪开始为基督教兴起的阶段，艺术成为《圣经》故事的可视化语言。

《圣母子》（亦名《圣殇》，图5-3-10）是文艺复兴时期，意大利艺术家米开朗基罗应法国天主教枢机之邀，雕造圣母玛利亚怀抱被钉死于十字架上的耶稣之情景①。耶稣垂躺于圣母的双膝上，表情安详；面容如少女的圣母，低头无语，哀怜绝望。

细观作品，饱受折磨、瘦骨嶙峋的耶稣，肌肤光滑，肌肉骨骼与血管清晰可见；身着长袍斗篷、面容哀戚的圣母，衣褶柔软细腻。整件雕塑的人物样貌、肢体形态、服饰纹理皆细致、写实，生动地呈现了外观、肌理和质感。此外，圣母与耶稣相互构成的金字塔造型，栩栩如生的情景和犹如少女般纯洁、崇高的圣母形象，让作品流露出宁静严肃、含蓄悲戚与神圣的氛围。

▲ 图5-3-10 《圣母子》［意］米开朗基罗

14—16世纪，西方社会主张复兴古典艺术的科学写实手法，在融入艺术家情感和人文思维、追求精神的永恒、强调庄严神圣情境的文艺复兴时期结束之后，进入17世纪的巴洛克时期。巴洛克时期的艺术家以戏剧性、流动感、夸张式的风格，塑造动态感丰富的艺术品，反映了当时局势动荡但丰裕的欧洲景象。艺术家的创作题材除了《圣经》故事，神话故事和经典文学亦是选材来源，《阿波罗和达芙妮》（图5-3-11）即是一例。

《阿波罗和达芙妮》雕塑的是罗马神话中的太阳神阿波罗，追求河神女儿达芙妮的初恋故事。当时小爱神丘比特与阿波罗发生争吵，丘比特故意将象征爱的金箭射向阿波罗，将象征恨的铅箭射向达芙妮。渴望爱情的阿波罗下凡人间，极力追求貌美的达芙妮，但是拒绝爱的达芙妮慌张而逃，向河神父亲求救。达芙妮的父亲为助其脱困，将其变成一棵月桂树。哀伤的阿波罗把月桂树叶编成花冠戴在头上说："你将见证我所有的胜利。我的歌声、我的生命脉动与你永不分离；你的美如桂冠般不朽。"②

细观《阿波罗和达芙妮》的人物样貌：阿波罗因追逐达芙妮而向后扬起的卷发、衣饰和手脚，触摸到逐渐变成月桂树的美人而微微张嘴、惊讶失落的表情和微微后倾的身躯；以及身躯逐渐变成树干、四肢冒出月桂枝丫和绿叶，眼露惊恐、张嘴呐喊的达芙妮，皆逼真写实地再现故事的壮丽结局。雕像整体造型流畅、富强烈动感，人物表情真实、情感流露丰沛，表现出意大利雕塑家贝尼尼擅长捕捉、表现戏剧性瞬间效果的艺术造诣，以及巴洛克时期的风格。

▲ 图5-3-11 《阿波罗和达芙妮》［意］贝尼尼

---

① ItalianRenaissance.org. Michelangelo's Pieta [EB/OL]. http://www.italianrenaissance.org/michelangelos-pieta/.
② Borghese Gallery. Apollo and Daphne [EB/OL]. https://borghese.gallery/collection/sculpture/apollo-and-daphne.html.

《圣母子》《阿波罗和达芙妮》皆展现了西方对于人体解剖学、透视学的理解和运用。此外,因审美观的转变,使得科学化的理性美中,分别呈现出庄严肃穆、浪漫幻想、活泼、严谨单纯的多样性面貌。

第四节　古代工艺作品

工艺作品为兼具艺术、经济、工业生产等多个要素的艺术类型①。艺术家创造工艺品,必须运用工艺学和工艺美学的理论与技术,因此工艺品有艺术与技术、审美与实用、形式与机能兼具的特点②。

18世纪为中西方工艺艺术汇集的高峰期。此时期欧洲的商业、政治与教会组织蓬勃发展,向外传至富裕的中国。中国当时经过宋、元、明三朝工艺艺术的奠基,促使清朝雍正、乾隆时期的御制工艺技术、审美品位、材料运用达到高峰。恰逢西方工艺品传入中国,展现了崭新的技术和艺术品位,为中国工艺创作注入了新思维。此外,传教士来华进贡、制作的西洋奇巧器物,远溯自唐太宗贞观九年,直至清朝,传教士的学识和制作工艺才能受到皇帝重用并被授予官职,皇家开始设置御制工厂,普及生产中西合璧风格的工艺品,进而外销至欧洲,形成"中国风"的装饰热潮,成为中国近代工艺生产业的发轫③。

本节以中国工艺巅峰期的清朝工艺品和西方工艺品为欣赏对象,并将工艺品的用途分为摆件饰品、实用器具、雅趣珍玩,来说明工艺形式的辉煌之美和赏用之奇巧。

一、摆件饰品

《铜镀金冠架钟》(图5-4-1)顶部有5个杯状柱,用以将帽子扣在其上。钟盘周边饰有卷草纹,盘上标有罗马数字,钟盘上方铸款"乾隆年制"。钟体右侧附带拉绳,拉动绳子钟响报时④。此件工艺品造型流畅、饰文华丽、雕工精美,为中西合璧的造型风格,并具有观赏、报时、帽架等多种用途,显现了审美与实用的特质,以及仿学西方制表技术的技艺。

《台式喷泉》(图5-4-2)为欧洲贵族展现财富和生活品位的工艺品。此件工艺品能涌出喷泉,泉水冲击至铃铛时会发出悦耳的声响,带来视觉与听觉的飨宴。此件工艺品分为三层,各层饰有神兽、繁复华

▲ 图5-4-1 《铜镀金冠架钟》

▲ 图5-4-2 《台式喷泉》

---

① Paul Greenhalgh. The Persistence of Craft: The Applied Arts Today [M]. New Jersey: Rutgers University Press, 2003:1.
② 陈怀恩. 工艺理论的美学需求[J]. 台湾南艺学报,2003(17):17—28.
③ 覃瑞南. 乾隆时期受西方影响的工艺器物研究[J]. 台湾台南应用科大学报(生活艺术类),2011(30):41—58.
④ 关雪玲. 铜镀金冠架钟[EB/OL]. https://www.dpm.org.cn/collection/clock/232199.html.

丽的图纹,上、中两层贴铸着绘有奇巧人物和纹样的珐琅匾。作品上铸工细腻的组件支架造型犹如小型建筑物,带有拱顶、圆柱和网状拱门,推测艺术家可能受到哥特式建筑风格的启发①。

《台式喷泉》为现存中世纪小型喷泉工艺品中保存最完整的作品之一②,其做工精巧、材料珍贵、设计巧妙,造型与功能罕见,展现了超高技艺、审美意趣和历史价值。

《铜镀金冠架钟》和《台式喷泉》这两件工艺品皆具有艺术与技术、审美与实用、形式与机能的特质。《铜镀金冠架钟》为中西工艺文化汇流、技艺并用的历史性艺术资产;《台式喷泉》则摆脱中世纪以《圣经》故事为创作元素和图像的手法,巧妙地融入哥特式建筑,以崇高向上的造型、隐喻圣美的风格而独树一帜,成为珍稀之作。

二、实用器具

清朝康熙、雍正和乾隆三个时期,在皇帝和督陶官的监造下,官窑制作出技术、纹样、釉彩和造型皆为上乘,且具有仿古、创新,或融合中西方技法与风格的官样艺术品。

《霁青描金游鱼转心瓶》(图 5-4-3)为乾隆年间,督陶官唐英等制作、进呈乾隆御览赏玩的奇巧之物。此瓶有内外两层,内瓶的颈部和腹部、外瓶的肩部和腹部 4 个部分,分别烧制完成后卡榫套接,以上下相连而不相粘的"交泰"技法组装。外瓶霁青蓝釉彩为地、金描花草纹样,饰有 4 个雕镂开光景窗,展现内瓶图样的"玲珑"造型;观赏者持瓶颈旋转,可见形态互异的金鱼悠游、嬉戏于水中花草(图 5-4-4),犹如走马灯般呈现连续转动的景象③。

▲ 图 5-4-3 《霁青描金游鱼转心瓶》④   ▲ 图 5-4-4 《霁青描金游鱼转心瓶》(局部)⑤ 林亭妏摄影   ▲ 图 5-4-5 《蓝底白釉瓶》⑥ [法]塞弗尔瓷窑制

"玲珑交泰"转心瓶之旋转机能的研发灵感,来自西洋钟表以发条带动指针转动的概念⑦。此种匠心独具的创新精品,数量稀少,非常珍贵。

《蓝底白釉瓶》(图 5-4-5)是法国皇家塞弗尔(Sèvres)瓷窑的作品。塞弗尔瓷窑创建于 1740 年,与德国麦森(Meissen)并列齐名,同为生产欧洲高级瓷器的窑厂。法国的蓬帕杜夫人(Madame de

---

①② The cleveland museum of art. Table Fountain [EB/OL]. https://www.clevelandart.org/art/1924.859.
③ 袁旃. 华丽的青瓷[M]. 台北:青少年丛书台北故宫文物宝藏续编编辑委员会,1992.
④ 唐英. 霁青描金游鱼转心瓶[EB/OL]. https://theme.npm.edu.tw/opendata/DigitImageSets.aspx?sNo=04011735.
⑤ 林亭妏. 霁青描金游鱼转心瓶(局部)[EB/OL]. https://commons.wikimedia.org/wiki/File:%E9%9C%BD%E9%9D%92%E6%8F%8F%E9%87%91%E6%B8%B8%E9%AD%9A%E8%BD%89%E5%BF%83%E7%93%B6_%E9%87%91%E9%AD%9A%E7%B4%8B.jpg.
⑥ 台湾数字陶瓷博物馆. 蓝底白釉瓶[EB/OL]. https://digital.ceramics.ntpc.gov.tw/en-us/Collection/2_29.htm?76.
⑦ 余佩瑾. 唐英监造转心瓶及其相关问题[J]. 故宫学术季刊(台北),2014,31(4):205—249.

Pompadour)钟爱塞弗尔的作品,推荐著名的画家与雕塑家参与设计、制作,因而使塞弗尔远近驰名,成为专为皇室和达官显贵制作瓷器的官窑,现为法国国立窑场[1][2]。此瓶以拿破仑时期的"帝王蓝"为底,上绘白釉花朵和带金枝叶,瓶颈两侧雕饰立体卷形草纹和人面,瓶口、颈部和底座绘有图纹。整体造型优美尊贵,釉彩花卉写实、配色洁雅,散发皇家的低调奢华。此外,瓶身花卉扶疏摇影,更增观赏逸韵雅趣。

《霁青描金游鱼转心瓶》和《蓝底白釉瓶》同为官窑的经典艺术品,两者皆以纯熟的烧釉技术呈现独特的釉彩。不同处为:前者图样繁复华美、艳丽奢华,塑工精湛、设计新颖,充满把玩审美的意趣,具有乾隆时期工艺品的风格,亦代表乾隆下旨产制新样瓷器的成果;后者清丽雅致、高贵典雅,塑工精巧、赏心悦目。

16世纪初,中国瓷器登陆欧洲。后至16世纪中期,葡萄牙人带回大量轻薄漂亮的中国瓷器,成为欧洲上流社会相互馈赠的礼物,欧洲王室贵族亦争相珍藏,视拥有中国瓷器为权贵的象征。此时传入欧洲的中国瓷器不仅成为珍宝,也影响着窑厂制作的风格。《竹形花瓶》(图5-4-6)和《咖啡壶》(图5-4-7)这两件作品即为中西文化合璧的善美佳作。

▲ 图5-4-6 《竹形花瓶》 花瓶 景德镇官窑 青瓷 底座 镀金铜合金

▲ 图5-4-7 《咖啡壶》 德国麦森 瓷窑制

《竹形花瓶》为康熙年间景德镇官窑制作的青瓷,镀金铜合金的底座为法国国王路易十五时期制作。花瓶外形仿制竹节,竹枝和竹叶饰于瓶身,一粗一细、相互依偎的竹节,更增雅趣;淡绿带灰的精致单色釉彩,在法国备受赞扬[3]。底座以呈节状、弯曲流畅的造型和精致镂空雕花的洛可可装饰风格,衬托花瓶,提高瓷器的价值。竹形花瓶和底座的造型呼应、契合,整体非常和谐雅致。

《竹形花瓶》展现了景德镇官窑的烧制技术和以竹寓意"高风亮节"的中国文化和造型美。此外,西方人为作品加设底座、置于室内展示,改变花瓶原有的功能,显现中国瓷器广受欢迎、备受推崇的景象,以及西方视中国瓷器为观赏怡情之物的风潮。

《咖啡壶》为德国麦森所制[4],壶呈梨形,带有S形手柄和漏斗状注嘴;壶盖呈半圆形,缀有小巧旋钮。壶身、手柄缀饰铁红色和粉红色的羽毛状、卷草纹,以及镀金花边等纹样;腹部以彩色珐琅描绘了头戴官帽、身穿长袍的中国官吏与头戴西方宽帽、着长衣的洋人对坐,一人聆听、一人抚琴的情景。此壶全瓷釉色和崭新的珐琅色彩之工艺技术,以及造型与装饰手法的形制,为欧洲上等瓷器的品相和风格。此外,西

---

[1] Sèvres. An Exceptional Manufactory [EB/OL]. https://www.sevrescitoceramique.fr/en/manufactory/an-exceptional-manufactory.html.

[2] Cooper Hewitt, Smithsonian design museum. Sèvres Porcelain Manufactory [EB/OL]. https://collection.cooperhewitt.org/people/18043925/.

[3] Victoria and Albert Museum. Vase[EB/OL]. http://m.vam.ac.uk/item/O166930/vase-unknown/.

[4] Victoria and Albert Museum. Coffee Pot[EB/OL]. http://m.vam.ac.uk/item/O307071/coffee-pot-adam-elias/.

式壶型、中国风的图案设计,成就了麦森瓷窑呈现异国风情的著名的奇异系列。由此显现出中国瓷器的影响和市场需求,以及中西文化汇集、激荡之下,形成的特殊审美意趣。

以上4件瓷器,前2件分别展现了中国官窑独特的工艺技术、西方追求清丽雅致的美感;后2件则映照出欧洲对中国瓷器的崇敬,以及视古老中国为人间仙境的向往之情。这4件艺术品体现出工艺品不再是为了生产而设计,而是为了艺术而设计,中西方工艺品的艺术与技术、形式与机能的交融之美,在此熠熠生辉。

三、雅趣珍玩

中西方的皇室贵族以拥有精湛绝美的工艺品为权贵的象征,除了前述具审美与实用性质的摆件家饰品、巧夺天工的瓷器之外,用以把玩观赏、有功能性的手把件,也是必备之物,精巧的鼻烟壶为其一。

鼻烟具特殊香气,略刺激呛鼻,能通嚏,源于南美洲印第安部落。16世纪初,具疗效的珍贵鼻烟传入欧洲,成为皇室贵族的用品;17世纪,吸鼻烟不再仅为通嚏,而成为上流社会社交活动的时尚文化。由此,用来储存鼻烟、精致奢华的鼻烟壶如同珠宝首饰,成为财富与权势的象征。

17世纪后期,欧洲传教士、使节和商贾将鼻烟壶带入中国,珍贵华丽的鼻烟壶成为进贡清朝皇帝的礼品。流入初期,因中国的气候、生活习惯和欧洲不同,鼻烟壶仅作为珍玩。直至康熙时期,内务府开始自制广腹小口、附盖匙的鼻烟壶;雍正、乾隆之后,皇室结合西方的画珐琅、玻璃制作技术,创制独特精巧的鼻烟壶[①]。

▲ 图 5-4-8 《玻璃胎画珐琅彩竹节式鼻烟壶》

《玻璃胎画珐琅彩竹节式鼻烟壶》(图5-4-8)仿竹节形制,器身青黄,上绘勾边翠竹与墨黑蜘蛛,点缀大小不一的竹斑;器盖附牙匙,涂饰珐琅黑地、彩绘相对双蝶,盖缘镶金;器身底部以灵芝图像为框,上写朱色楷体"雍正年制"。此器具造型与质感逼真、图像清雅、装饰巧丽,流露出文人气息与富丽之感,具有雍正时期鼻烟壶的特色。

《铜胎画珐琅西洋母子鼻烟壶》(图5-4-9)宽腹小口、造型扁平,工艺家在铜制胎身内外已烧制好的透明釉底上,彩绘西洋母子和建筑物于壶身双面;壶侧饰有橄榄绿花草纹,壶底书黑色楷体"乾隆年制";配有铜雕壶盖及匙。此鼻烟壶绘制的图像和制作手法、镶金的顶盖和壶底,展现了乾隆时期工艺品受到西方文化的影响,具有中西方交融并用的风格和技艺。此件作品和《咖啡壶》(图5-4-7),印证了18世纪中西方工艺品相互借鉴、学习以及仿制与创新的风潮,为工艺艺术塑造出中西相融的独特品相和风格。

以下两件工艺品为欧洲制的鼻烟壶。

《腰链式金镶挂表玻璃鼻烟壶》(图5-4-10)为玻璃扁平壶身、外镶黄金材质的洛可可纹样之珍品;壶盖带链、配匙,上端附雕花金挂勾,壶口有金属腰链;带有伦敦制作和1765年税赋戳记[②]。

《雕金机械自动音乐鼻烟盒》(图5-4-11)为附有音乐机芯、椭圆双面盖的多色铜雕珍品;正面掀盖为上发条的八音盒,底面掀盖为存放鼻烟之用。音乐盒盒面浮雕日常生活景象,前景雕饰在古建筑及湖边野餐的男女正在逗弄狗儿,一旁的狗和羊分别在草地上和树下趴卧休息;中景是一大一小的天鹅,转动发条后会沿着轨道前进,仿如悠游于湖面;远景浅刻屋宇和山峦。盒身四周饰有圆形开光风景和花篮、花束;底盖刻有男女嬉戏景象,盒上打印着工艺师名字。此鼻烟盒附带音乐盒的功能和造型设计,为18世纪末的法国典型作品[③]。

[①] 陈嘉翎. 首选珍藏:鼻烟壶的文化意义[EB/OL]. https://digitalarchives.tw/Exhibition/1984/1.html.

[②] [英]I. H. 腰链式金镶挂表玻璃鼻烟壶[EB/OL]. https://theme.npm.edu.tw/opendata/DigitImageSets.aspx?sNo=04012883.

[③] 王竹平. 再探院藏法国金雕音乐鼻烟盒的制作年代[J]. 故宫文物月刊(台北), 2012(357):94—98.

第五单元　古代造型艺术欣赏

▲ 图5-4-9　《铜胎画珐琅西洋母子鼻烟壶》①

▲ 图5-4-10　《腰链式金镶挂表玻璃鼻烟壶》②　［英］I. H. 制作

▲ 图5-4-11　《雕金机械自动音乐鼻烟盒》③　［法］Joseph-Etienne Blerzy 制作

　　这两件多功能的鼻烟壶，雕工精致，造型与材质精美，图纹和造型设计具有洛可可艺术强调华丽装饰、内容和功能为日常性而非宗教性的特色，也显现欧洲的钟表和发条技术精进，以及工艺品兼具审美与实用性质之风潮。

　　奢华、繁复华美的鼻烟壶为代表财富与权势的雅趣珍玩，也是展现中西文化、工艺技艺和审美表现的历史文物。之所以介绍以上这些与生活需求相关、具有文化与历史意义的工艺品，旨在增加师范生的审美经验，使其了解"美具有实用性"，艺术与文化、日常生活息息相关，未来能应用于幼儿园艺术领域的教育活动，引导幼儿欣赏，满足幼儿的好奇心，培养幼儿喜欢欣赏多种多样的艺术形式和作品的态度，体会不同的审美趣味。

第五节　建筑与园林艺术欣赏

　　著名建筑的独特造型，不仅反映各个时代的历史文化，也是科学和艺术的历史表征④。建筑是一种时

---

① 台北故宫博物院 Open Data 专区. 铜胎画珐琅西洋母子鼻烟壶[EB/OL]. https://theme.npm.edu.tw/opendata/DigitImageSets.aspx?sNo=04022759.
② [英]I. H.. 腰炼式金镶挂表玻璃鼻烟壶[EB/OL]. https://theme.npm.edu.tw/opendata/DigitImageSets.aspx? sNo=04012883.
③ [法]Joseph-Etienne Blerzy. 雕金机械自动音乐鼻烟盒[EB/OL]. https://theme.npm.edu.tw/opendata/DigitImageSets.aspx? sNo=04022200.
④ Victor Hugo. Notre-Dame de Paris-A new translation by Alban Krailsheimer [M]. New York: Oxford University Press Inc, 1999: 123-125.

间体系的象征性视觉艺术,具有审美性和实用性,为科学技术和艺术的结合体,代表人类的文化、智慧、审美观和精神,如中国建筑中的榫卯结构,西方建筑中的哥特式建筑。因此,中西方建筑有很大的差异。

园林是汇集建筑、雕塑、园艺、文化等为一体的生活艺术;园林中的造景、布局和艺术性的意境,能反映出人类的哲学思想和追求美的生活态度。西方园林以建筑为主,布局讲求几何数学律则;东方园林注重天人合一的意境,强调建筑和自然景观融为一体的和谐性,及其带给观赏者的心境感受。

一、宫廷建筑

▲ 图 5-5-1 紫禁城①

紫禁城(即北京故宫,现为故宫博物院)(图 5-5-1)是明朝和清朝两代皇帝的居住之地,位于北京中轴线的中心,筹建于明永乐四年(公元 1406 年),大规模兴建于永乐十五年(公元 1417 年),基本竣工于永乐十八年(公元 1420 年)②;为全世界现存规模最大的木造宫殿式建筑,有 8 707 个房间;1987 年被列为世界文化遗产,现为国家一级博物馆③。

紫禁城四周围有 10 米高的城墙,城外有 52 米宽的护城河,东西南北各设一座城门。城内建筑依"前朝后寝"的礼制,分为位于前半部、举行大典礼的外朝部分,以及位于后半部的皇帝、后妃们的居住处和佛堂建筑之内廷部分。建筑布局依据"择中立宫"的思维,主殿立于中轴线,左右两侧对称式设建各殿。前朝三大主殿建于三重台基上,以烘托神圣庄严的气势;宫殿屋顶铺设光亮莹润的黄色琉璃瓦,主殿顶棚装饰蟠龙藻井,各殿、各处布置色彩艳丽的琉璃装饰④。建筑整体秉承"高台榭、美宫室"的古时风格,气势宏伟、富丽堂皇。

法国 17 世纪建造的凡尔赛宫(图 5-5-2)也是世界文化遗产。宫殿本为法王路易十三的旧狩猎亭,在 1682 年由其儿子路易十四扩建成由宫殿、花园、农庄组成的庄园;1789 年法国大革命之前,为皇室居住所和政治中心;1837 年后,成为法国历史博物馆⑤。庄园建筑体呈现近∏字形,自正宫殿广场向外辐射设置花园和农庄,整体结构为开放式单体空间(图 5-5-3)。

▲ 图 5-5-2 凡尔赛宫⑥

---

①② 朱诚如. 我们的故宫[EB/OL]. https://chiculture.org.hk/tc/china-five-thousand-years/1792.
③ National Geographic. Go Inside China's Forbidden City—Domain of the Emperor and His Court for Nearly 500 Years [EB/OL]. https://www.nationalgeographic.com/history/history-magazine/article/emperors-ruled-from-chinas-forbidden-city-for-nearly-5-centuries.
④ 故宫博物院. 建筑[EB/OL]. https://www.dpm.org.cn/explore/buildings.
⑤ Palace of Versailles. The Palace-from the Seat of Power to A Museum of the History of France [EB/OL]. http://en.chateauversailles.fr/discover/estate/palace.
⑥ Wikipedia. File:Chateau-de-versailles-cour.jpg[EB/OL]. https://zh.wikipedia.org/zh-tw/File:Chateau-de-versailles-cour.jpg.

宫廷建筑为两层红砖墙面,搭配米黄色的石雕柱和人物形象,以及落地门窗组成的砖楼;建筑最上段为深蓝色法式造型屋顶,配饰圆形镀金的阁楼窗和繁复华丽的立体雕饰。建筑立面左右对称、横向划分为3段,加上配置成排的窗户和古典壁柱,整体造型整齐宏伟,呈现出理性美的古典主义风格;建筑内部以巨大的画作和镜子、绚丽的墙面纹饰、镀金天花板和精致物品装饰,为奢华的巴洛克风格(图5-5-4)①。

▲ 图5-5-3　凡尔赛宫西立面空照图②

▲ 图5-5-4　镜厅(the hall of mirrors)③　Myrabella 摄影

同属世界文化遗产的俄罗斯克里姆林宫(图5-5-5)由古时伊凡三世的宫殿、15—17世纪晚期的王室住所、18世纪伊丽莎白·彼得罗芙娜皇后的宫殿、富丽堂皇的皇室教堂和19世纪建造的军械库组成④,此复合式的建筑群布局呈近三角形、半开放的结构(图5-5-6),为融合古典主义、巴洛克、拜占庭的俄罗斯建筑风格,现为总统官邸、国会议堂和博物馆。

▲ 图5-5-5　克里姆林宫⑤

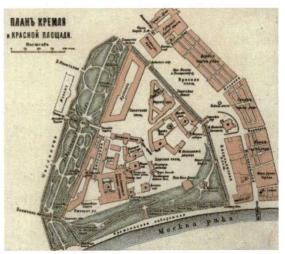

▲ 图5-5-6　1917年时的克里姆林宫平面图⑥
　　A. S. Suvorin 扫描

---

① 菲利普·威金森. 细看建筑——凡尔赛宫[EB/OL]. https://www.natgeomedia.com/book-news/content-9568.html.
② Wikimedia commons. 凡尔赛宫西立面空照图[EB/OL]. https://commons.wikimedia.org/wiki/File:Vue_a%C3%A9rienne_du_domaine_de_Versailles_par_ToucanWings_-_Creative_Commons_By_Sa_3.0_-_073.jpg.
③ Wikimedia commons. 镜厅(the hall of mirrors)[EB/OL]. https://commons.wikimedia.org/wiki/File:Chateau_Versailles_Galerie_des_Glaces.jpg.
④ Kremlin museum. The grand Kremlin Palace[EB/OL]. https://web.archive.org/web/20121213025518/http://kreml.ru/en/kremlin/buildings/BKD/.
⑤ Wikimedia commons. 克里姆林宫[EB/OL]. https://commons.wikimedia.org/wiki/File:%D0%9A%D0%BB%D0%B0%D1%81%D1%81%D0%B8%D1%87%D0%B5%D1%81%D0%BA%D0%B8%D0%B9_%D0%B2%D0%B8%D0%B4_-_panoramio_(1).jpg.
⑥ Wikimedia commons. 1917年时的克里姆林宫平面图[EB/OL]. https://commons.wikimedia.org/wiki/File:Plan_of_Moscow_Kremlin.jpg.

建筑群(图5-5-5)中橘白墙面绿屋顶的方形建筑、成排的窗棂、屋顶上镶金的立体雕饰和划分整齐的立面,具有统一稳定、庄严齐整的古典主义风格。位于此建筑右方,金色葱头圆顶上立有十字架,墙面雕饰立柱、拱形窗棂、贝壳状与图纹等华丽装饰的塔状建筑物,和围绕其周边的低矮建筑体,具有巴洛克和拜占庭风格。位于建筑群外围的砖红城墙,以及尖高向上、顶缀星状体的高塔,具有俄国古建筑和哥特式的风格。由此可见,俄国兼容自身传统建筑和东亚、欧洲各时期的建筑特色,展现了多元化的建筑艺术风格。

中西方建筑皆如实地记录人类文明的发展历程,反映出各自的建筑文化特色。中国建筑遵循礼教制度,呈现封闭式、有宾主之分、重重院落相套、从中轴线横向展开、均衡对称式的布局,由众多的单体建筑聚组成气势恢宏的群体。西方建筑采用开放式的布局,以向上扩展、垂直性迭建、多变的形体和突出的单体建筑,组建成雄伟耸立的整体。

二、神殿建筑

德国哲学家海德格尔认为,建筑是天、地、神、人合一的形式①。建筑不仅是居住之所、文化和历史的表征,也是信仰的活动空间和艺术化的表现。宗教建筑的形式和风格,象征和揭示宗教思想与蕴含的真理。

▲ 图5-5-7 悬空寺②

建于半崖峭壁间的山西大同悬空寺(图5-5-7),又名"玄空阁","玄"字取自道教,"空"字为佛教教义,始建于北魏太和十五年,各殿供奉道教、佛教和儒教的神尊,是一座儒、释、道三教合一的寺庙。全寺距谷底约70米,有"天上的寺院"称号。2010年被美国《时代》周刊评为世界十大奇险建筑之一③。

悬空寺由两座三层的楼和连接两座楼的栈道组成;寺庙巧借岩石暗托、凿洞插梁为基,梁柱上下相嵌、廊栏左右相连的力学原理建成,为"奇、巧、悬"的木造建筑④。寺庙的飞檐、镂空花窗、栏杆、木雕斗拱等为中国传统建筑的样式。因此,悬空寺为融合力学、美学、宗教于一体的建筑艺术。

山东曲阜孔庙(图5-5-8)是第一座祭祀孔子的庙宇,始建于公元前478年,历代扩建,清雍正、乾隆时重修为今日所见之布局。孔庙以孔子的故居为地、以皇宫规格建造,与河北避暑山庄、北京故宫同为我国现存规模最大的古建筑群,1994年被评定为世界文化遗产⑤。

孔庙依皇室规制,将主殿大成殿建于中轴线上,依此线左右对称布局九进院落,四周高墙环绕、配设角楼门坊(图5-5-9),院内黄瓦红墙、雕梁画栋、古木参天。大成殿建于石雕台基上,气势雄伟,前廊大理石柱精雕飞龙戏珠,廊柱红色楠木彩绘团龙,门窗雕花精巧;殿前设有名为"杏坛"的亭子,为孔子讲学之处。综观全庙景象,庙宇宏伟庄严,各殿院落布局形式和雕饰具有各时期的中国建筑特色,展现历代王朝祭祀、尊崇孔子的儒家文化;院内遍植成行苍桧古柏,幽静肃穆,门坊高挂赞颂孔子育人之匾额,喻示孔子思想的博大精深和立德树人的功绩。

同属于世界文化遗产的德国科隆大教堂(图5-5-10),始建于1248年,落成于1880年⑥,为12—15世纪西欧建筑主流——哥特式建筑。哥特式的建筑结构特征为尖拱、拱肋和飞扶壁(图5-5-11),这3

---

① 漆志刚. 物非物——海德格尔的哲学与建筑[J]. 台湾建筑学会会刊杂志,2015,80:52—58.
② Wikimedia commons. 悬空寺[EB/OL]. https://commons.wikimedia.org/wiki/File:Hunyuan_Xuankong_Si_2013.08.30_09-06-14.jpg.
③ 维基百科. 悬空寺[EB/OL]. https://zh.wikipedia.org/zh-cn/%E6%82%AC%E7%A9%BA%E5%AF%BA.
④ 大同古城保护和修复研究会. 悬空寺[EB/OL]. https://web.archive.org/web/20160304104432/http://www.sxdt.gov.cn/tszt/zggdtxdt/201012/1903.html.
⑤ 中华人民共和国中央人民政府网站. 世界文化遗产——孔府、孔庙、孔林[EB/OL]. http://www.gov.cn/test/2006-03/28/content_238291.htm.
⑥ UNESCO. Cologne Cathedral[EB/OL]. https://whc.unesco.org/en/list/292/.

项结构将以往厚重敦实、半圆形拱券式结构的罗马建筑,转变成高耸向上、轻盈修长的形式①。

▲ 图5-5-8 曲阜孔庙大成殿② Gisling 摄影

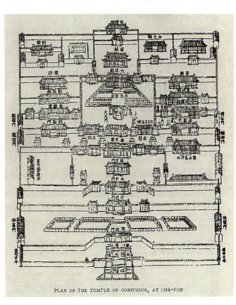

▲ 图5-5-9 1912年曲阜孔庙格局③

▲ 图5-5-10 科隆大教堂④

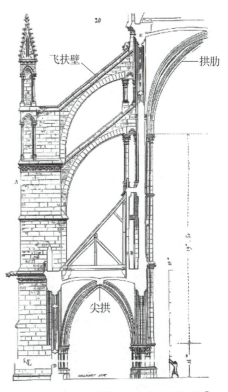

▲ 图5-5-11 哥特式建筑三项特征⑤

历经近7个世纪建造的科隆大教堂,代表欧洲基督教的恒久力量,其挺拔尖高、呈现升腾向上的动态外形,意喻贴近崇高的上帝;教堂内部装设大面积绘有《圣经》故事的玻璃花窗和透光天窗,设置数量丰富

---

① 维基百科. 哥特式建筑[EB/OL]. https://zh.wikipedia.org/wiki/%E5%93%A5%E7%89%B9%E5%BC%8F%E5%BB%BA%E7%AD%91.
② Wikimedia commons. 曲阜孔庙大成殿[EB/OL]. https://commons.wikimedia.org/wiki/File:Dacheng_Hall.JPG.
③ Wikimedia commons. 1912年曲阜孔庙格局[EB/OL]. https://commons.wikimedia.org/wiki/File:Confucius_temple_1912.jpg.
④ Wikimedia commons. 科隆大教堂[EB/OL]. https://commons.wikimedia.org/wiki/File:Koelner_Dom_bei_Nacht_1_RB.JPG.
⑤ Wikimedia commons. 哥特式建筑三项特征[EB/OL]. https://commons.wikimedia.org/wiki/File:Coupe.cathedrale.Amiens.png.

▲ 图5-5-12 科隆大教堂内部 ［英］Chi F摄影

的拱顶肋架，用以撑起宽阔、挑高的空间，营造出圣洁荣耀的天堂氛围（图5-5-12）。这些神秘壮丽的建筑样式成为经典的宗教语汇。

中国庙宇以天人合一的哲学思维，建于深山或以幽静园林相衬，在建筑与自然合而为一的景境中，祈求以平和的心境了悟宗教的深奥喻意，并以寺庙名和牌匾彰显宗教的教义与信仰价值。西方神殿依循理性逻辑规律，以多样的几何形建造出能体现宗教精神的形体；室内配饰宗教故事图像或雕塑，宣扬教义；运用挑高和透光的空间，营造出信仰的崇高境界。中西方的宗教建筑，以不同的哲学思维和审美观打造建筑语言，各自展现所信仰的文化之美。

三、东方园林

东方的古典园林汇集自然山水之美以及建筑、诗书画、雕刻的艺术美，以具体的园林形象创造意境，追求"虽由人作，宛自天开"的天人合一境界；在诗情画意的景象中，塑造可观、可行、可游、可居的空间。园林由亭、台、楼、阁、榭等元素组成。

中日的园林主要分为静观和动观两种观赏方式。静观意指游人驻足观赏眼前的景色，体会当下的意境；动观则指游人移步观赏景色，享受"步移景异"的情趣。

（一）中国园林

中国园林依地域文化可分为江南园林、北方园林、岭南园林三大风格。

中国四大名园之一，建于明朝，被列为世界文化遗产的江苏苏州拙政园为江南园林[①]。江南园林受诗书画的影响，以风格淡雅的建筑、布局有法的众多花木、奇石秀水相映的造景，营造诗画的情境和意蕴。园中以中国传统建筑重檐八条垂脊建造，具有攒尖式屋顶的天泉亭（图5-5-13），依四季绽放而展现多样风采的植栽；能眺望亭榭、曲桥、奇岩、流水，具有四面通透长窗的主厅"远香堂"（图5-5-14），构筑出景中有画、画中有景的意境和写意风格。

▲ 图5-5-13 拙政园天泉亭[②]

▲ 图5-5-14 拙政园远香堂[③]

---

① 苏州市园林和绿化管理局. 拙政园［EB/OL］. https://ylj.suzhou.gov.cn/szsylj/sjyc/201905/c1df393edc8745abb20e8a9bd5525782.shtml.
② 国学网. 中国历代名园简介（二）：中国十大名园之苏州拙政园［EB/OL］. http://www.guoxue.com/?p=19140&page=5.
③ 外史公. 拙政园远香堂［EB/OL］. https://commons.wikimedia.org/wiki/File:Yuanxiangtang_of_Zhuozhengyuan_Suzhou_4th_Aug_2006.jpg#mw-jump-to-license.

"台榭参差金碧里,烟霞舒卷画图中"的北京颐和园是清代建设的皇家园林,建筑依"前朝后寝"的礼制布局,规模宏大、富丽堂皇,具有雍容华贵的宫廷风貌(图5-5-16);造景体现中国古典园林的"借景、对景",以及在大规模的自然水系和地势中纳入人工山水,把江南园林复现于北方"源于自然高于自然"的方式,为北方园林艺术的登峰造极之作。

颐和园中的"谐趣园"(图5-5-17)仿江苏无锡寄畅园而建,以荷花池为主,沿池建楼、亭、堂、斋、桥、榭等建筑,并以"三步一回,五步一折"的百座游廊相连,让游人在静观和动观间能享受"以物外之静趣,谐寸田之中和"以及"一亭一径,足谐奇趣"的意趣,营造出"前山湖水开阔壮丽,后园曲径水院蜿蜒幽静"的境界,成为中国最负盛名的"园中之园"。

▲ 图5-5-16　排云殿① 唐戈摄影　　　　▲ 图5-5-17　谐趣园②

建于明朝的广东佛山市清晖园,具有岭南园林的精髓和江南园林的特色③。明清时期,岭南地区经济发达,与西方交流密切。岭南园林以中国传统园林为基础,吸取、调和西方文化造园;建筑空间和装饰、庭园路径、绿地形式、池水造景,兼采中国传统和西方几何形设置,并强调装饰性的人工艺术。

清晖园以适合南方炎热气候的实用性原则造园,布局前疏后密、前低后高,景不阻、住不暑。前庭水景开阔明朗;中庭运用各种小空间衬托水亭,形成主次分明的结构;后庭建筑群之楼院栉比鳞次、巷院通达④。融合中西方文化的园景,碧水绿树清华,与古色古香、风格多样的楼台亭榭交相掩映(图5-5-18);古墙、石山、曲廊、小桥、林木、镂空木雕花板及门窗、砖雕等,造景灵巧雅致带有西洋气息(图5-5-19)。

▲ 图5-5-18　清晖园一景⑤　　　　▲ 图5-5-19　中西风格的彩绘玻璃窗花⑥
　　　　　　　　　　　　　　　　　　　Wiki shangteam摄影

---

① Wikimedia commons. 排云殿[EB/OL]. https://zh.wikipedia.org/wiki/File:Pai_Yun_Dian.jpg.
② 颐和园. 谐趣园[EB/OL]. http://www.summerpalace-china.com/yhjg/jdjs/wsshsjq/22874cf2292b4bcbbc02dcd89e1cc0b4.htm.
③ 佛山市博物馆. 清晖园[EB/OL]. https://web.archive.org/web/20091020131621/http://www.foshanmuseum.com/jd/qhy.htm.
④ 肖河章. 岭南传统园林的营造手法与艺术特色[J]. 惠州学院学报(自然科学版),2007,27(6):81—84.
⑤ 昵图网. 清晖园一景[EB/OL]. http://www.nipic.com/show/7322205.html.
⑥ Wikimedia commons. 中西风格的彩绘玻璃窗花[EB/OL]. https://commons.wikimedia.org/w/index.php?curid=62795770.

江苏拙政园秀丽清雅,北京颐和园艳丽华贵,广东清晖园中西相容、精致务实。三座园林以不同的风貌,展现了中国古典园林"本于自然高于自然、建筑美与自然美相融糅、诗画的情趣、意境的涵蕴"四大特点[①]。

(二) 日本园林

日本园林的样式主要分为:表现自然山水景色的"池泉庭园",以砂石造景的"枯山水庭园",以及设置于庭园茶室前、供品茶者静观的"露地庭园"。日本园林前期受到中国隋唐时期、朝鲜的影响,以气势磅礴的池泉庭园为主;后期受到禅宗、"书院造"建筑样式和日本茶道影响,改为体现一花一世界意境的精巧雅致风格[②]。

▲ 图 5-5-20 兼六园秋景[③]

日本三大名园之一的"兼六园"为江户时代的历任诸侯所建,是具有历史价值的文化遗产,包含池泉庭园(图 5-5-20)和露地庭园(图 5-5-21),因兼具"六胜"的景观意境——"宏大"、"幽邃"、"人力"(人工雕琢)、"苍古"、"水泉"、"眺望"(辽阔的视野)而有此名。兼六园采用"回游式"造景,在广大的腹地中造池筑山,周边建造亭台、茶室、数塘池水,植栽花木,来访者必须穿梭其间才能一览庭园全貌。兼六园的历任诸侯,将祈求永世繁盛的思维投射于造景中,于庭园池中设置数个神仙岛,营造如仙境的景象[④]。

日本独有的枯山水庭园(图 5-5-22),发展前期为附属于池泉庭园之内,以砂石造景的样式;后期受到佛学、禅宗、神仙思想的影响,将参禅修行、道法自然的意念融入其中,以白砂代表风、水、海,以岩石代表岛、山,运用抽象意象体现宗教意蕴,塑造出一处具有禅意、供人参悟的场所。

▲ 图 5-5-21 兼六园夕颜亭[⑤] Chris Spackman 摄影

▲ 图 5-5-22 京都龙安寺内的枯山水[⑥] Cquest 摄影

---

① 宋启林,蔡立力. 中国文化与中国城市[M]. 武汉:湖北教育出版社,2004:173.
② [日]小森茂译. 日本庭园の美[EB/OL]. http://www.ifnet.or.jp/~chisao/.
③ 兼六园秋景[EB/OL]. http://www.pref.ishikawa.jp/siro-niwa/kenrokuen/t/season_autumn.html.
④ 兼六园[EB/OL]. http://www.pref.ishikawa.jp/siro-niwa/kenrokuen/t/.
⑤ Wikimedia commons. 兼六园夕颜亭[EB/OL]. https://zh.wikipedia.org/wiki/File:2002_kenrokuen_hanami_0123.jpg.
⑥ Wikimedia commons. 京都龙安寺内的枯山水[EB/OL]. https://commons.wikimedia.org/w/index.php?curid=2085504.

单元小结

培养审美的眼睛,涵养美感,使师范生获得审美能力和美感经验是艺术教育和美术课程的目的之一。欣赏艺术品和进行欣赏教学活动时,宜采取多元视域的观点和辩证式的交流,由外在的具象形式探析至内涵层面,以理解和领悟艺术品的内外在含义与美感。

综合第二至第五节所述,中西方古代造型艺术因历史文化、审美观、哲学思想、政治经济、媒材与技法等差异,而形成不同的风格。中国艺术注重意境美,艺术形式为传承礼制、哲学思维和表达心境的载体,风格在五千年文化的发展中臻于成熟;西方艺术强调现实世界的再现,视规律性、逻辑性为美学原则,艺术形式为展现宗教、神话等内容与含义,以及生活世界真实样貌之媒介,风格在革新、仿古中不断变动、更新。然而,随着时代更迭与变迁,中西方文化荟萃交流,在彼此相互融合下而有所创新,以各自的风格展现文化的精髓。

师范生理解本节的内容,掌握艺术欣赏的发展历程与基本程序后,应将所学应用于幼儿园艺术领域教育活动,引导幼儿欣赏中西方多种多样的艺术形式和作品,弘扬中国优秀传统文化,丰富幼儿的审美经验,培养其审美能力。

思考与练习

1. 请选择当地博物馆或美术馆展览的艺术品,依据其特点、风格以及艺术家生平,设计符合《3—6岁儿童学习与发展指南》艺术领域指导要点的参观学习单。

2. 请分析《泼墨仙人》(图5-2-1)和《自画像》(图5-2-2)的色彩、线条、造型、风格等绘画表现的差异,并解释其价值和美感。

3. 请分析《雪景山水》(图5-2-3)和《米德尔哈尼斯大道》(图5-2-4)的构图、意境和艺术家艺术观的差异,并解释其价值和美感。

4. 请说明《维伦多尔夫的维纳斯》(图5-3-1)和《米洛斯的维纳斯》(图5-3-2)的造型含义与审美观点。

5. 请分析中西方文化对《竹形花瓶》(图5-4-6)和《咖啡壶》(图5-4-7)艺术表现的影响之处。

6. 请分析中国与日本的古典园林在布局、造景、风格上的异同,以及所受文化的影响。

7. 请以《泼墨仙人》(图5-2-1)和《雪景山水》(图5-2-3)为例,说明中国绘画的外在视觉形式和内涵意蕴之美与意义。

主要参考文献

1. 教育部. 幼儿园教育指导纲要(试行)[Z]. 教基〔2001〕20号.
2. 教育部. 3—6岁儿童学习与发展指南[Z]. 教基二〔2012〕4号.
3. 教育部. 教师教育课程标准(试行)[S]. 教师〔2011〕6号.
4. 教育部. 幼儿园教师专业标准(试行)[S]. 教师〔2012〕1号.
5. 张道一. 美术鉴赏[M]. 北京:高等教育出版社,1998.
6. 常锐伦. 美术(第一册)[M]. 北京:人民美术出版社,2000.
7. 彭吉象. 艺术学概论[M]. 北京:北京大学出版社,1994.
8. 王宏建. 艺术概论[M]. 北京:文化艺术出版社,2000.
9. 王宏建,袁宝林. 美术概论[M]. 北京:高等教育出版社,1994.
10. 伍蠡甫. 西方文论选(上卷)[M]. 上海:上海译文出版社,1979.
11. 朱狄. 艺术的起源[M]. 北京:中国社会科学出版社,1982.
12. [德]席勒. 美育书简[M]. 徐恒醇,译. 北京:社会科学文献出版社,2016.
13. [日]熊本高工,福井昭雄. 儿童是天才、涂鸦万岁[M]. 李英辅,译. 台北:联明出版社,1996.
14. 蔡元培. 蔡元培美学文选[M]. 北京:北京大学出版社,1983.
15. 陈帼眉. 学前心理学[M]. 北京:人民教育出版社,1989.
16. 沈建洲. 美术基础与训练[M]. 上海:复旦大学出版社,2012.
17. 中共中央马克思恩格斯列宁斯大林著作编译局. 马克思恩格斯选集(第二卷)[M]. 北京:人民出版社,1972.
18. 国家电子出版工程. 中国美术全集[M/CD]. 北京,上海:人民美术出版社、上海人民美术出版社、上海书画出版社、文物出版社、中国建筑工业出版社、北京银冠电子科技公司联合制作出版,1998.
19. 王中义,许江. 从素描走向设计[M]. 杭州:中国美术学院出版社,2005.
20. 李蜀光. 绘画透视原理与技法[M]. 重庆:西南师范大学出版社,1997.
21. 陈立勋. 新概念素描——艺术设计基础(修订本)[M]. 北京:中国轻工业出版社,2002.
22. 王彦发. 素描教程[M]. 北京:高等教育出版社,2007.
23. 苏高礼. 中央美术学院素描教学[M]. 长春:吉林美术出版社,2005.
24. [德]威廉·蒲莱尔. 幼儿的感觉与意志[M]. 孙国华,唐钺,译. 北京:科学出版社,2014.
25. [日]石井亚由美. 别笑!我是色彩心理学[M]. 高岚,译. 北京:中国传媒大学出版社,2010.
26. [德]爱娃·海勒. 色彩的性格[M]. 吴彤,译. 北京:中央编译出版社,2013.
27. [美]詹姆斯·格尔尼. 色彩与光线:写实主义绘画指南[M]. 黄朝贵,译. 北京:人民邮电出版社,2017.
28. 王磊. 色彩构成[M]. 北京:电子工业出版社,2018.
29. [西班牙]派拉蒙专业团队. 绘画中的色彩运用[M]. 徐怡萍,杨佳辉,译. 上海:上海书画出版社,2019.

30. ［英］DK出版社.艺术大师的色彩技法［M］.相凌天,译.武汉:华中科技大学出版社,2019.
31. 程勋旗,李旻.艺术与时代——以罗中立的油画《父亲》为例［J］.美与时代(中),2018(5):25—27.
32. 陈铿.影响3～6岁幼儿绘画中多维空间表现的因素及其对幼儿绘画教学的启示［J］.学前教育研究,2011(06):52－56.
33. 徐琳哲.美术文化之阐释［J］.艺术教育,2007(4):94—95.
34. 朱香菊.幼儿园室内空间色彩设计探析［J］.美与时代(上),2017(04):69—70.
35. 徐帅东.基于色彩心理学的幼儿园景观设计研究［D］.济南:山东建筑大学,2020.
36. 洪莹.色彩心理学在幼儿园空间设计中的应用研究［D］.南昌:南昌大学,2019.
37. 白庭辉.近乎疯狂的奇特建筑世界［N］.兰州晚报,2013－11－26(D03).
38. 王若思.撷英咀华,大兴国际机场设计之路［DB/OL］.https://mp.weixin.qq.com/s?biz＝MzA3NzcyNDI1Mg＝＝&mid＝2650342701&idx＝1&sn＝0d173da288dd2c639cac0d51f93999e6&chksm＝87400a1eb0378308911f61be1aa7ec634a84fd5d6282c14d2f4f5d7cba3d891fa88a01b9c7e2&mpshare＝1&scene＝23&srcid＝#rd/2020-8-15.
39. 潘鲁生.工艺美术和生活价值的回归［DB/OL］.http://www.ihchina.cn/luntan_details/19376.html/2020-8-15.

图书在版编目(CIP)数据

美术. 造型基础与表现/沈建洲总主编;朱晓飞主编. —上海:复旦大学出版社,2024.4
普通高等学校学前教育专业系列教材
ISBN 978-7-309-16805-1

Ⅰ.①美… Ⅱ.①沈…②朱… Ⅲ.①美术-高等学校-教材 Ⅳ.①J

中国国家版本馆 CIP 数据核字(2023)第 065707 号

美术——造型基础与表现
沈建洲　总主编　　朱晓飞　主编
责任编辑/赵连光

复旦大学出版社有限公司出版发行
上海市国权路 579 号　邮编: 200433
网址: fupnet@fudanpress.com　　http://www.fudanpress.com
门市零售: 86-21-65102580　　团体订购: 86-21-65104505
出版部电话: 86-21-65642845
上海四维数字图文有限公司

开本 890 毫米×1240 毫米　1/16　印张 8.25　字数 255 千字
2024 年 4 月第 1 版第 1 次印刷

ISBN 978-7-309-16805-1/J·485
定价: 45.00 元

如有印装质量问题,请向复旦大学出版社有限公司出版部调换。
版权所有　　侵权必究